Découvrez l'histoire par les archives de presse

RETRONEWS

Le site de presse de la BnF

www.retronews.fr

ANNALES

DE LA

SOCIÉTÉ D'ÉMULATION

DU

DÉPARTEMENT DES VOSGES

XC^e — XCVII^e ANNÉES

1914-1921

EPINAL

C. PERNOT

IMPRIMEUR DE LA SOCIÉTÉ

Rue des Minimes. 15

SECRÉTARIAT

DE LA SOCIÉTÉ

1921

ANNALES

DE LA

SOCIÉTÉ D'ÉMULATION

DU

DÉPARTEMENT DES VOSGES

La Société d'Émulation du département des Vosges, fondée à Epinal le 25 janvier 1825, a été reconnue comme établissement d'utilité publique par ordonnance royale du 10 octobre 1829.

Ce volume fait suite à celui publié en 1913. Il renferme la première partie de l'étude de M. Boudet, sur le Chapitre de Saint-Dié. Les procès-verbaux des séances et autres actes de la Société sont insérés au *Bulletin Trimestriel* qui paraît depuis le mois de janvier 1920.

ANNALES

DE LA

SOCIÉTÉ D'ÉMULATION

DU

DÉPARTEMENT DES VOSGES

XCᵉ — XCVIIᵉ ANNÉES

1914-1921

EPINAL

<table>
<tr><td>C. PERNOT
IMPRIMEUR DE LA SOCIÉTÉ
Rue des Minimes, 15</td><td>SECRÉTARIAT
DE LA SOCIÉTÉ</td></tr>
</table>

1921

LE CHAPITRE

DE SAINT-DIÉ

EN LORRAINE

DES ORIGINES AU SEIZIÈME SIÈCLE

PAR

PAUL BOUDET

ANCIEN ÉLÈVE DE L'ÉCOLE DES CHARTES

DIRECTEUR DES ARCHIVES ET BIBLIOTHÈQUES DE L'INDO-CHINE

MEMBRE DE LA SOCIÉTÉ D'ÉMULATION DES VOSGES

*Thèse soutenue le 28 janvier 1914, à l'Ecole Nationale des Chartes
en vue de l'obtention du diplôme d'archiviste paléographe.*

PREMIÈRE PARTIE

HISTOIRE

AVANT-PROPOS

Le chapitre de Saint Dié a eu déjà des historiens nombreux et éminents et devant l'importance et la valeur de leurs travaux, il semblerait que l'on dût faire après eux œuvre inutile. Mais tandis que le plus ancien d'entre eux songeait surtout à faire œuvre de pieux hagiographe, qu'un autre a passé son existence à rassembler des documents et à rédiger de précises annales, d'autres ont cherché dans les événements du passé la justification de leurs prétentions, ou la condamnation de prétendus abus. C'est ainsi que le Charmesien Jean Ruyr (¹) a fait dès le dix-septième siècle, œuvre utile dans sa naïveté; de Riguet (²), après lui, a compilé avec patience les archives du chapitre pour que Jean Claude Sommier (³) tirât de ses travaux l'Apologie de l'exemption de l'Eglise de Saint-Dié et la matière d'une controverse passionnée avec les évêques de Toul ; Gravier (⁴)

---

1. Ruyr (Jean), *Recherches des sainctes antiquitez de la Vosge... par Jean Ruyr, charmesien, chantre et chanoine de l'église insigne de Sainct Diey.* Epinal, Ambroise Amb[roise], 1634, in-4° 10 ff. m. ch., 479 ff., Frontispice gravé.

2. Riguet (François de), *Mémoires historiques et chronologiques pour l'insigne église de Sainct Diey en Lorraine.* 2 vol. in-fol. ms. Bibl. de Saint-Dié, n° 9.

3. Sommier (Jean-Claude), *Histoire de l'église de Sainct Diey,* Sainct Diey 1726 in-f°.

4. Gravier (N.-F.), *Histoire de la ville épiscopale et de l'arrondissement de Saint-Dié,* Epinal 1836, in-8°.

enfin a mis une partialité inconsciente à flétrir des siècles qu'il croyait barbares.

Nous avons cru qu'il y avait place, à côté d'œuvres de qualités si différentes et de tendances si opposées, pour une étude désintéressée et d'une tout autre inspiration. L'histoire du chapitre de Saint-Dié, en somme, n'a été considérée jusqu'ici que comme celle d'un corps fermé, se suffisant à lui-même et le seul Gravier, qui ait songé à étudier un peu son rôle extérieur, a mis dans cette tâche trop d'idées préconçues. Nous avons donc voulu étudier son développement économique et l'influence qu'il a exercée sur les populations de la vallée de la Haute Meurthe et celles de la Haute Alsace. Il y avait là matière riche et abondante.

Dans ce rude pays de Vosges, au sol ingrat, où les val-lées irrégulières et raboteuses serpentent péniblement sur le flanc occidental du massif montagneux, la pénétration fut longue et difficile. C'est par saccades et par des efforts répétés qu'une population parvint à s'y constituer. Plus encore que sur le côté alsacien, il fallut l'action systéma-tique des monastères pour introduire dans ces solitudes forestières la culture et la vie : ce fut l'œuvre des abbayes d'Epinal, de Remiremont, de Saint-Dié, d'Etival, de Se-nones, de Moyenmoutier, de Bonmoutier, d'organiser les énergies et d'assurer l'enrichissement progressif d'un pays arraché à la forêt ; c'est autour d'elles que naqui-rent les petites villes de Saint-Dié, de Remiremont, d'Epi-nal ; elles devinrent le centre des transactions et des échanges et ce n'est que grâce à elles que lesj vallées ont pu se peupler (¹).

Aujourd'hui sans doute, les hautes vallées vosgiennes

---

1. Cf. Lavisse (E.), *Histoire de France*, t. I (1ʳᵉ partie), Tableau de la France, par P. Vidal de la Blache.

ont beaucoup changé d'aspect. L'industrie y a pris une place considérable. Des usines bourdonnantes s'y sont établies, quelquefois au lieu même où le monastère abritait la vie calme et sereine de ses hôtes. Le labeur humain y acquiert chaque jour une valeur plus grande. Il y a, à cette expansion industrielle, des causes que la seule présence de ces grands organismes religieux ne saurait expliquer. Mais leur rôle n'en a pas été moins important pendant de longs siècles, et c'est pourquoi nous avons cru trouver dans l'étude du développement économique du monastère, puis chapitre, de Saint-Dié, la matière du présent travail.

INTRODUCTION

I

SOURCES

A) — Sources diplomatiques

a) — Les archives du Chapitre. Historique.

Les archives du chapitre de Saint Dié ont éprouvé à travers les siècles des vicissitudes nombreuses. Au moyen âge, les incendies et les pillages leur ont fait perdre leurs plus anciens documents ; à l'époque moderne elles ont subi le désordre, et presque de nos jours, l'indifférence des pouvoirs publics a failli leur causer plus de dommages que les siècles accumulés.

Dès 1092, le diplôme de l'empereur Henri III (1), et la Bulle du pape Clément III (2) mentionnent la perte des titres les plus anciens de l'église de Saint Dié, à la suite d'un incendie. Il s'agit d'un sinistre que Ruyr nous rapporte et qui détruisit le cloître, les églises et les bâtiments nouvellement construits. Des mains criminelles l'avaient causé (3). Le duc Simon II avoue, dans un diplôme de 1204 (4), avoir fait mettre le feu à l'église. Plus tard en 1554 un incendie plus terrible encore, détruisit la plus grande partie des bâtiments du cha-

---

1. Arch. de Saint-Dié, non coté ; *Livre rouge*, f° 94 ; *Documents rares ou inédits de l'Histoire des Vosges*, t. II, p. 154-156.
2. Arch. des Vosges, G 241 (3).
3. Ruyr, *op. cit.*, p. 253.
4. Arch. des Vosges, G 248 (27).

pitre. Le chanoine Herquel de Plainfaing, en une description
pittoresque (1), nous en a dépeint les sinistres effets : « *S'en-*
« *suyvent les despenses, frais, constes et missions faictes par*
« *Herquelz de Plainfain chanoine, et commis pour l'édifice*
« *et réparation des églises Saint Diey, Notre Dame et les*
« *clostres démolis par feu plus que violent, le VI*[e] *de Juillet*
« *en l'an M. D. L. IIII environ les onze heures devant mydi,*
« *qui commenceant en la rue monseigneur le Duc, emprés*
« *la maison des Reynettes, par tel tyrannie s'embraisa que*
« *par l'effect l'on ait expérimenté estre plus que grégeois*
« *et amoursé pour ce qu'en l'espace et temps d'une heure il*
« *brusla et démolit les deux églises, les clochiers, les clostres*
« *et greniers avecques VI*[xx] *XIIII maisons sans les granges ;*
« *la chaleur estans si vehement qu'el fonda les cloches, con-*
« *suma les pierres de taille qu'est choses incredibles à ceulx*
« *qui ne l'auraient veu* ».

Sans doute les chanoines avaient compris le danger que
couraient leurs archives, car en 1361, elles se trouvaient à la
garde de l'église d'Epinal. L'inventaire des pièces déposées,
— le premier sans doute du chartrier — nous a été conservé,
parmi les feuillets du *Livre rouge* (2), qui est le cartulaire du
chapitre. Nous y voyons que les pièces y étaient distri-
buées en quatre séries, qui portent les lettres A, B, C, D.
La série A comprenait 23 pièces émanées de la chancellerie apostolique, et 9 diplômes impériaux. La série B (3), était
réservée aux privilèges des ducs de Lorraine, des évêques et

---

1. Arch. des Vosges, G 419, Constructions, réparations aux
églises de Saint-Dié, 1 cahier de 23 ff.

2. Arch. de Saint-Dié, Livre rouge, entre les feuillets 213 v°
et 214 r°. Cahier de parchemin de 26 ff. « Registrum privilegio-
rum, cartarum et aliarum litterarum quas ecclesia sancti Deodati habet in Spinalo, anno Domini millesimo CCC LX primo,
mensis maii die XXIIII. Et primo in quodam scrinio signato sub
hac littera A continentur littere papales, imperatorum et regum
(32 pièces).................... ».

3. Fol. 3. « Hec sunt privilegia ducum Lothoringorum ecclesie
nostre concessa in quodam scrinio signato sub hac littera. B. »
(46 pièces).

archevêques ; la série C (1), contenait les titres des biens
d'Allemagne ; la série D (2) enfin, ceux des autres possessions, en tout 189 pièces dont la plus grande partie nous a
été conservée. Ce dépôt devait être antérieur à 1361. Un vidimus de 1358 (3), fut rédigé en l'église d'Epinal en présence
d'un notaire, du chantre de l'église de Saint-Dié et de plusieurs autres personnages, parce que, rapporte l'acte « *il était*
« *périlleux à cause de l'insécurité des routes, et des guerres*
« *qui désolaient toute la Lorraine, de faire voyager des privi-*
« *lèges de grande importance* ». Il s'agissait en effet d'une
reconnaissance, par les vicaires généraux du diocèse de Toul,
du caractère insigne de l'église de Saint-Dié et de son droit
de juridiction spirituelle. En 1462, le chapitre avait encore
ses archives à Epinal, « *dans un coffre derrière l'autel de*
« *Saint Goery* » (4). Nous ne saurions dire si cette situation
était permanente, ou seulement imposée par des nécessités
éventuelles.

Dès 1446, on songeait à leur donner, à Saint-Dié, un asile
convanable et sûr. Une délibération capitulaire du 2 septembre, concluait à faire ériger trois travées de voûte, dans le
cloître, au flanc de l'église principale, pour établir la librai-
rie (5). Nous ignorons la date d'achèvement de cet important
travail.

---

1. Fol. 9 « Hec sunt transcripta litterarum partes Allemanie
tangentium sub hac littera C. » (9 pièces).

2. Fol. 13 « Item in quodam alio scrinio signato sub hac littera D. sunt littere infrascripte. » (82 pièces).

3. Arch. des Vosges, G 246 (5, 6, 7, 8). Chartes des évêques.
Vidimus établi en 1358 dans l'église Saint-Goery d'Epinal, en
présence d'un notaire, de Nicolas d'Epinal, chanoine et chantre
de Saint-Dié, Etienne, curé de Moyemont, Baudouin, curé de
Coincourt et de plusieurs autres, « *quia periculosum est talia
litteras et privilegia ad loca transferre propter viarum discrimina
et propter guerras per Lotharingiam undique existentes* ».

4. Arch. des Vosges, G 230. Inventaires partiels et extraits des
titres. Dépôt à Epinal en 1462, le 22 octobre, « *in archa retro
altare sancti Goerici* ».

5. Titres de Saint-Dié, Bibl. de Saint-Dié, ms. n° 51, t. III,
n° 51. 2 septembre 1246.

Malgré tout, les archives ne restèrent pas définitivement dans ce nouveau local. En 1525, deux chanoines furent chargés de remettre à leurs confrères de l'église Saint George de Nancy, les reliques, lettres et ornements, pour les conserver momentanément, loin des dangers que les Rustauds pillards auraient pu leur faire courir. Le tout était renfermé dans trois coffres, dont les clefs furent remises aux deux envoyés (1). Ce ne fut pas le dernier transfert, que subirent les archives avant 1789. Un inventaire du xvii* siècle (2), parle des pertes subies au cours « *d'un dernier refuge* » fait à Bâle, sans préciser l'année.

La guerre vint augmenter le trouble dans les archives. L'archiviste Rodolphe Thiery qui les classa plus tard, raconte (3) avoir vu un départ de cour de 1609, qui mentionnait en une note laconique, sur sa couverture déchirée, que en 1643, le colonel Toubbatel, pour le service du roi de France, ayant établi ses quartiers d'hiver à Saint Dié, les maisons furent pillées, les chanoines mis en fuite, la porte du trésor enfoncée, et les pièces déchirées et jetées au vent. Et le même Thiery constate, ailleurs, que « *dans les guerres qui ont pré-* « *cédé la dernière, nos titres furent longtemps à l'abandon,* « *en sorte que quelquefois on en a trouvés dans les rues et* « *dans les chemins...* »

On songea au cours du xvii* siècle, à classer avec soin les titres du chapitre. Le chanoine Rodolphe Thiery fut chargé de ce soin. Il nous reste de lui un inventaire très sommaire (4). Il note d'abord les titres généraux des papes, empereurs, ducs, dans l'ordre chronologique et jusqu'à la date de 1632 ;

---

1. D'après Chanteau (Fr. de), *Notes pour servir à l'Histoire du Chapitre de Saint-Dié,* II, les Archives du chapitre, Nancp 1877, in-8°, 69 p. Nous n'avons pu retrouver cette pièce cotée anciennement : Ducs, Layette VIII, liasse G, n° 35.

2. Arch. des Vosges G 230 (5). Inventaire des titres de l'église de Saint-Dié qui sont séparés de ceux des offices particuliers, cahier papier de 25 ff.

3. Arch. des Vosges, G 232, Recueil des droits et privilèges de notre église..., reg. in-fol., 397 ff., fol. 55.

4. Arch. des Vosges, G 230 (5, 15). Inventaire des titres, et tableau de classement.

puis « deux sacs » contenant les lettres qui prouvent la juridiction du grand prévôt ; les pièces concernant les canonicats, les testaments, les cures ; celles émanant de la juridiction du sénier et celles se rapportant à la juridiction du chapitre. Enfin, dans une catégorie à part et tout à fait distincte, il place toutes les pièces concernant l'administration du temporel, ce qu'il appelle « *les papiers des offices* » à savoir : sonriat de la ville, sonriat du val, office du Chaumontois, office de la distribution, Alsace.

Le fruit de cet important travail nous est représenté aujourd'hui par un gros in-folio de 397 feuillets, où il a rassemblé « les droits et privilèges » de l'église de Saint Dié d'après les titres et papiers du Trésor (1). Le texte en est fourni par les résumés des pièces ou les copies in-extenso placés dans un ordre chronologique, sous les rubriques que nous venons d'énumérer, sans compter les sous-chapitres que forment les possessions, dans le chapitre de l'office dont elles dépendent. Notons que Thiery, dans ce travail, a négligé les biens d'Alsace et ceux du Chaumontois.

Un incendie en 1639, d'après le témoignage de cet archiviste, détruisit de nombreux titres et papiers, dans la maison des secrétaires et dans cellle du doyen (1).

Le désordre était sans doute revenu dans les archives, ou peut-être le classement fut trouvé défectueux, car dans la deuxième moitié du XVIIIe siècle on chargea Claude Vuillemin (3), chanoine et vicaire de Saint-Dié, de refaire le travail et de dresser un inventaire. Celui-ci avait déjà exercé ses talents

---

1. Arch. des Vosges, G 232. Receuil des droits et privilèges de notre église, extraits des titres et papiers qui sont présentement au Thresor, registre in-fol., 397 ff. papier ; reproduit avec de nombreuses additions de pièces et d'imprimés du XVIIIe siècle, il forme un vol. de 699 ff., cott G 233.

2. Arch. des Vosges, G 230 (5), Inventaire des titres...

3. Plus tard curé de Contrexéville, mort le 15 septembre 1821. Son épitaphe se trouve dans l'église de Contrexéville. Elle a été reproduite par De Chanteau, *op. cit.* — Voy. sur Vuillemin, J. K[astener], *L'abbé Vuillemin et l'inventaire des archives de la ville de Remiremont*, dans *la Révolution dans les Vosges*, 9e année, 1920-21, p. 185.

aux archives de Remiremont. Son travail ne fut achevé qu'en 1790, il figure sous le titre : « *Inventaire des titres de l'insi-* « *signe église cathédrale de Saint Dié* », dans l'inventaire des mobilier, titres et papiers de l'évêché de Saint-Dié rédigé, du 2 au 7 août 1790 (1). Le travail comprenait deux volumes, l'un de 221 feuillets, l'autre de 250. L'un d'eux se trouve aujourd'hui aux archives de Saint Dié.

Le classement de Vuillemin, a laissé des traces sur les pièces : celles-ci étaient rangées en layettes, divisées en liasses, et numérotées (2). L'ordre était méthodique pour les titres généraux et rappelait celui des pièces déposées à Epinal en 1361.

En novembre 1790, un décret supprima le chapitre de Saint Dié. Mais la loi ne reçut qu'une application négative. Les archives restèrent dans leur local, au-dessus du cloître, mais on négligea d'en dresser l'inventaire officiel prescrit par la loi. A vrai dire il est impossible d'évaluer les pertes subies par suite de l'éxécution des décrets sur le brûlement des titres de noblesse, et l'emploi des parchemins pour le service de la marine. Il semble que l'application en ait été faite dans le district de Saint Dié d'une façon assez restreinte. Les registres de compte disparurent sans doute de ce fait. En 1792, l'administration du district s'excusait de n'avoir pu dresser l'inventaire des archives du chapitre et des maisons religieuses du district, à raison de l'importance et de la longueur de ce travail (3).

La loi du 5 brumaire an V (4) ne fut pas appliquée ; les archives restèrent à Saint Dié, dans l'abandon le plus complet : les clefs en furent données à l'administration municipale. En somme le régime révolutionnaire ne fut pas trop funeste aux archives du chapitre.

---

1 Arch. des Vosges, 9 Q 11.

2. Ex. : Ducs, Layette VIII, liasse D. n° 11.

3. Arch. des Vosges, L. Registre des délibérations de l'administration du district de Saint-Dié, n° 15, p. 21 (19 juin 1792).

4. Cette loi, comme on sait, prescrivait de rassembler au chef-lieu du département, les archives des administrations des districts supprimés.

En 1820, un érudit local, N. F. Gravier, receveur de l'enregistrement, demanda et obtint l'autorisation de faire des recherches dans les archives du chapitre. Il les trouva dans un état déplorable d'abandon : par les vitres brisées, les neiges et les pluies avaient pu causer leurs ravages. Le désordre en était inexprimable (1). Pour l'augmenter ecore, il eut l'idée de faire transporter dans ce local, par l'administration, les titres et papiers provenant des princes de Salm et de l'abbaye de Senones entassés à la mairie de Senones. Il y travailla de longs mois, sans prendre soin de classer auparavant.

L'évêché rétabli (12 août 1823), on songea à la salle du trésor, pour faire une sacristie. En vue de la déblayer, on pensa à inventorier les papiers et parchemins qui s'y trouvaient, afin, écrivait le sous-préfet (2) « *de vendre les papiers* « *inutiles. La salle est encombrée, disait-il, de papiers inuti-* « *les et pour classer ces inutilités, il faudrait plusieurs* « *années* ». Il proposait de nommer Gravier archiviste. Mais l'administration préfectorale refusa de le payer, se rejetant de ce soin sur la municipalité (3). Trois ans passèrent sans résultats. En 1826, l'évêque réclama à nouveau la salle des archives (4). Le préfet la lui accorda. La municipalité offrit alors pour loger les archives, une petite salle au-dessus du porche de l'église Notre-Dame. Pour couvrir les frais d'aménagement, le maire eut l'idée de faire une vente des papiers inutiles : « *consistant la plupart en imprimés et écrits insi-* *gnifiants* » (5). Le préfet approuva sans scrupule. On mit à part 80 layettes que Gravier jugea utiles à conserver (6). On

---

1. *Histoire du chapitre de Saint-Dié* (1836) ms., aux archives de la Société d'Emulation. C'est le premier jet de son ouvrage imprimé. L'histoire du chapitre y est seule traitée. Il expose aussi l'état des archives dans une lettre au préfet du 4 août 1820, Arch. de la Société d'Emulation des Vosges, correspondance.

2. Tous les détails qui vont suivre sont extraits de la liasse 8 T 9, des Arch. des Vosges, où sont réunies toutes les pièces de correspondance au sujet de cette affaire (1828-1833).

3. Lettre du préfet, 20 octobre 1823.

4. Lettre de l'évêque, 29 juillet 1826.

5. Rapport du secrétaire de mairie Lotz.

6. Même rapport.

s'étonne un peu du rôle de ce personnage, en cette circons-
tance, lui qui écrira plus tard (1) : « *Ces archives, oubliées*
« *depuis la révolution qui les avaient rendues publiques, res-*
« *pectées par les cosaques des deux invasions, sont devenues*
« *la proie du vandalisme le plus inconcevable. Vendues et*
« *dispersées dans deux départements, rachetées en partie par*
« *ordre du ministre Corbière, ce qui reste est condamné à la*
« *pourriture dans les anciennes prisons de l'officialité, pro-*
« *bablement pour en avoir dévoilé les mystérieuses hor-*
« *reurs* » (!) Le rebut était représenté par des papiers et une
collection de parchemins, « *dont les écrits, dit le secrétaire*
« *de mairie, étaient absolument insignifiants* ». Il y avait là
des titres remontant au xiiiᵉ siècle, intéressant la principauté
de Salm, la ville de Raon, etc., la possession des bois de la
Madeleine, des chartes des ducs, des Bulles, etc. Mais on ne
peut apprécier exactement l'importance de ce rebut, car aucun
inventaire n'en fut dressé. On vendit le 21 septembre 1826 (2),
en vertu d'un arrêté préfectoral, 155 kilos de parchemin,
325 kilos de papiers, le tout pour 774 francs 05, dont 150
furent consacrés au classement.

Mais l'administration des domaines avait appris la vente
et réclamait maintenant les parchemins vendus (3). Le préfet comprit l'erreur et ordonna de racheter les papiers et parchemins intéressants. L'un des acquéreurs, Hacbar, garde
général des Forêts, réclama 600 francs pour sa part, et on
les lui donna. Il déclarait avoir livré la totalité de ses acquisitions : il n'en était rien. Il offrait bientôt à droite et à
gauche des titres ; c'est de cette façon que plusieurs parchemins très anciens, après avoir séjourné dans des collections
particulières, échouèrent enfin à la Bibliothèque de Nancy.

Les vicissitudes des archives du chapitre étaient heureusement terminées : après quelques années d'oubli dans la tour

---

1. *Histoire de la ville épiscopale et de l'arrondissement de
Saint-Dié*, p. VI.

2. Procès-verbal de vente, Arch. des Vosges, 8 T 2.

3. Lettre du 29 septembre 1828, Ibid. — Voy. Baumont. *Notice
historique sur la bibliothèque publique de Saint-Dié, dans le Pays
Lorrain et le Pays Messin,* juin et juillet 1920

de l'église Notre-Dame, en 1859, le ministère ordonna au préfet de faire transférer aux archives départementales les pièces, qui se *trouvaient*, écrivait-il, dans le *local attenant à l'église*, après les avoir obtenues de l'évêché. L'évêque, répondit qu'il n'avait aucun droit sur elles (1). En novembre 1859 la réintégration était opérée définitivement.

b) — Le fonds du Chapitre

aux Archives départementales des Vosges.

Le fonds des archives du chapitre se trouve aujourd'hui occuper dans la série G des archives départementales des Vosges, 607 numéros — de G 230 à G 837, — plus une petite quantité d'additions dont le classement n'est que provisoire. Cet ensemble, formé en majeure partie de liasses, représente la plus grande part de l'ancien fonds du chapitre. Le classement poursuivi par les différents archivistes, rappelle dans ses grandes divisions le classement du xviii° siècle, tout en différant dans les détails. L'on n'a pas suivi, par exemple, l'ordre méthodique dans le groupement des possessions, qui se succèdent simplement par ordre alphabétique des noms de lieux. Un inventaire a été dressé, qui occupe les pages 64 à 286 du tome I des inventaires de la série G (2).

Quant aux titres et documents qui, ayant échappé aux destructions et aux incendies, ont été distraits du fonds ou oubliés à la suite des événements rapportés plus haut, ils ont trouvé place, soit aux archives municipales de Saint-Dié, soit aux archives de Meurthe-et-Moselle et à la Bibliothèque municipale de Nancy, soit enfin à la Bibliothèque Nationale. En même temps que nous les récapitulerons très sommairement, nous dirons, s'il y a lieu, les documents étrangers au fond

---

1. Arch. des Vosges, 8 T 2.

2. *Inventaire sommaire des archives départementales antérieures à 1790* rédigé par M. M. F. de Chanteau, Guilmoto et P. Chevreux. — Vosges, Archives ecclésiastiques, série G, tome I. (G 1-837). — Epinal, Busy, 1887, in-4°, VII-288 pp.

qui ont quelque rapport avec notre sujet, et qui sont conservés dans ces différents établissements.

c) — Archives municipales de la ville de Saint-Dié.

Ce dépôt conserve une série de pièces, non classées et dont
aucun inventaire n'existe. Notons des titres très anciens,
comme le diplôme de l'évêque de Trèves Numerien (vers
664) représenté par une copie figurée du x⁰ siècle (fin) ou du
commencement du xıᵉ, deux diplômes, l'un d'Otton II (975),
l'autre d'Otton III (984), dont l'existence a été ignorée de la
plupart des érudits (1), la *Littera antiqua rectitudinum* qui
donne le tableau des redevances du chapitre vers la fin du
xᵉ siècle, un diplôme de Henri II (1092), deux pièces du xııᵉ
siècle intéressant les rapports du Chapitre et de l'abbaye de
Bongars, une autre du xıııᵉ au sujet du fief de Gilecourt ;
pour le xıvᵉ siècle, une douzaine de chartes de diverses origines, intéressant des biens, les relations avec les ducs, avec
l'abbaye voisine d'Etival, etc... ; enfin des mémoires, et
quelques délibérations capitulaires du xvıııᵉ siècle.

Remarquons, en passant, que les archives municipales de
Saint Dié, à côté de ces documents qui trouveraient leur
place légitime aux archives départementales des Vosges, renferment des titres ayant appartenu à l'abbaye de Senones
et à celle de Moyenmoutier, et qu'il est fort regrettable de
laisser séparés des fonds de ces établissements.

d) — Archives départementales de Meurthe-et-Moselle.

Aucune pièce, antérieure au xvᵉ siècle, et provenant du
fonds de Saint-Dié, n'a trouvé place dans ce dépôt, qui renferme par contre, trois registres de délibérations capitulaires, pour les périodes de 1520 à 1544, 1542-1552, 1554-
1566 (2).

---

1. L'éditeur des *Diplomata*, dans les *Monnumenta Germaniae
Historica* (DD. t. II, p. 112-113 et 395), n'a pas connu ces origi-
naux.

2. Arch. de Meurthe-et-Moselle, G 122, 123, 124.

Le Trésor des Chartes de Loraine contient, dans les trois layettes *Saint Dié* (1), plusieurs documents intéressants, par mi lesquels, les droits du chapitre à Moriviller, et les services et redevances dûs par les gens du val de Saint Dié au château de Spitzemberg. La série G (2) fournit quelques pièces, la plupart modernes. La série H (3), nous permet de compléter nos renseignements sur les relations de l'abbaye de Beaupré avec le chapitre.

e) — Bibliothèque municipale de Nancy.

Parmi les chartes que conserve la Bibliothèque de Nancy, il en est un certain nombre qui proviennent des détournements opérés à la suite de la désastreuse vente de 1826. M. Beaupré les acquit de M. Lazare Lévy et la Bibliothèque les a rachetées (4). Parmi ces documents, six intéressent le chapitre (5), les autres, les abbayes de Senones et d'Etival. Nous remarquons un traité d'accord entre Simon Ier, duc de Lorraine et le chapitre, un privilège de l'évêque de Toul Ricuin, au sujet de l'église de Saint-Remimont, un acte de confraternité du chapitre et de l'abbaye de Beaupré (6) (1178), une Bulle de Célestin V (1294) (7).

f) — Bibliothèque nationale.

Une série de pièces diverses et un volume provenant de l'ancien fonds du chapitre sont venus échouer à la Bibliothèque. Les pièces réunies en un recueil factice (8) compren-

----

1. Arch. de Meurthe-et-Moselle, B 902, 903, 904,
2. Ibidem, G 341, 351.
3. Ibidem, H 8, 342, 380, 519, 3137.
4. Ch. Pfister, *Journal de la Société d'Archéologie lorraine*, t. 48 (1899), p. 54 et suiv.
5. Les pièces intéressant l'histoire du chapitre portent les numéros 2, 3, 4, 5, 7, 22.
6. 7. Publiés par Pfister, *loc. cit.*, p. 59-61 et 83-84.
8. Bibl. Nat., Nouv. acq. Fr., 1425, 1 vol. in-fol. 203 f.

nent : 1° fragments de statuts anciens, avec le texte du serment du grand prévôt, les devoirs du sonrier, etc.; 2° des remarques sur Jean de Bayon, sans doute par De Riguet ; 3° une copie par Vuillemin d'un acte de Henri, évêque de Toul (1135) ; 4° des extraits d'une Bulle de Paul III (1468) ; 5° un recueil *des droits spirituels et temporels du chapitre* ; 6° un inventaire des titres produits pour le dénombrement de 1681 ; 7° un recueil de pièces pour l'évêché ; 8° les statuts du chapitre, copie du xviie siècle. Cet ensemble disparate est l'œuvre du collectionneur qui a mis dans les marges des annotations et des remarques. Le même, a exercé ses talents sur l'obituaire du chapitre, qui forme un gros volume de parchemin de 361 pages (1). Ce manuscrit était déjà sorti au xviie siècle du fonds du chapitre, il fut retrouvé en 1636, chez les Jésuites de Molsheim, qui le restituèrent. Il a été écrit en majeure partie au xive siècle, mais contient de nombreuses additions du xve siècle. Il contient la mention de toutes les fondations d'anniversaires, depuis 1311. Ce volume, comme les pièces mentionnées plus haut, a dû quitter les archives de Saint Dié au moment de la vente désastreuse de 1826 : il fut acquis par un érudit remiremontais qui le céda, avec le recueil, à la Bibliothèque Nationale.

La collection de Lorraine renferme un certain nombre de pièces qui n'ont pas grand intérêt pour notre sujet (2). Dans la série de pièces intéressant le chapitre de Remiremont et acquise au xixe siècle, se rencontrent des documents plus intéressants. Notons : les pièces concernant les relations du chapitre avec la régente Catherine et son fils Ferry (3) et un long mémoire de plaintes adressées à Marie de Blois, veuve du duc Raoul (4), le testament du grand prévôt Jean d'Arguel (1320) (5).

---

1. Bibl. Nat., Nouv. acq. Lat., 1546.
2. Bibl. Nat., Lor. n° 209, 391, 979.
3. Ibid. Nouv. acq. Lat., 2533 (161).
4. Ibid. Nouv. acq. Lat., 2548 (62).
5. Ibid. Nouv. acq. Lat., 2548 (64).

La collection Moreau contient trois copies de pièces, qui figurent encore dans le fonds de Saint-Dié (1203, 1209, 1222) (1).

g) — Autres dépôts.

Les Archives Nationales rénferment la donation par Charlemagne du monastère de Saint-Dié à l'abbaye de Saint Denis (769) (2). L'absence d'autres documents intéressant notre étude, vient de la réunion tardive de la Lorraine à la couronne.

Aux archives du Haut-Rhin à Colmar, nous aurions dû trouver un certain nombre de pièces, concernant les colonges et les relations du chapitre et des seigneurs de Ribeaupierre, mais les dossiers sont absolument incomplets (3) ; l'un ne renferme qu'une pièce au lieu de 121, l'autre n'a que 14 parchemins au lieu de 37, et 7 papiers au lieu de 108.

Les archives de la ville de Colmar contiennent trois textes de coutumes colongères : deux, l'un du xive siècle, l'autre du xve de la colonge de Guemar, sont inédits ; le troisième, de la colonge de Mittelwihr, a été publié par Stoffel dans les *Weistümer* de Grimm, t. IV, p. 229-235.

h) — Les cartulaires et recueils de pièces.

Le seul cartulaire ancien du chapitre de Saint Dié, est désigné sous le nom de *Livre rouge* : une mention moderne ajoutée, essaye de justifier ce titre, en affirmant qu'on l'a nommé ainsi, « *parce que les lettres initiales des différents* « *titres sont rouges* ». Elle ajoute avec quelque raison : « *c'est le plus précieux et le plus ancien de nos livres* ».

---

1. Bibl. Nat. Coll. Moreau, Vol. 105, p. 147 ; 115, p. 81 ; 131, p. 46.
2. Arch. Nat. K. 5.
3. E. 2366, 2875, 2921.

Il était relié et couvert en bois, mais en 1783 on l'a fait relier en veau, et renfermer dans une boîte de fer blanc. Il est aujourd'hui, à l'abri dans le coffre-fort du maire de Saint Dié. Il porte la cote 29 des manuscrits de la Bibliothèque de Saint Dié (1).

Il représente un volume in-folio de 263 feuillets, d'une belle écriture du XIVe siècle avec rubriques pour les titres. La garde est constituée par deux feuillets d'un manuscrit d'une belle écriture du XIIe siècle, tirés des évangiles selon saint Jean. Les premiers feuillets (1-7 v°) forment une sorte de table des pièces, à la suite de laquelle, sont diverses notes, sans rapport avec le reste. Au folio 8, commence le véritable corps du cartulaire par les Bulles des papes : tous les privilèges pontificaux octroyés au chapitre n'y figurent pas. Il sont rangés dans un ordre très arbitraire, des Bulles du XIIIe siècle figurent avant d'autres du XIe, la *Bulle de Léon IX (1049) se trouve au folio 17 v°-18 r°.v°*, celle du même pape (1051) au folio 10 v°, 11, 12 r°. Chaque pièce est précédée d'une très courte analyse en belle écriture rouge. Du folio 31 r° au folio 36, sont groupés les diplômes impériaux, puis viennent (folio 38-44) des chartes des ducs mêlées à des actes d'évêques de Toul. La plus grande partie des chartes des évêques, sont transcrites du folio 44 au folio 70. Puis viennent les pièces intéressant les redevances au Saint-Siège (folios 86-91), diverses acquisitions, plusieurs chartes de seigneurs laïcs, sans ordre bien apparent. Notons, folio 111 r°-v°, le statut des maisons canoniales (1355). Puis viennent les diverses pièces relatant les acquisitions et renfermant les droits de priorité du chapitre. Entre les pièces transcrites s'intercalent des notes de redevances, recueil des droits du chapitre, formule de serment des ducs, notre sur le pouvoir des grands prévôts, etc... Entre les folios 213 v° et 214 s'intercale un cahier de 10 folios de parchemin, de format in-4°, contenant la liste des pièces déposées

____

1. *Catalogue général des manuscrits des bibliothèques publiques de France*, série in-4°, t. III (1861).

à Epinal en 1360, en tout 189 pièces, réparties entre les cotes A, B, C, D (1). Remarquons que le diplôme de Numerien, ceux d'Otton II (978) et d'Otton III (984) ne figurent pas dans ce recueil.

L'intérêt des autres recueils de pièces des archives du chapitre n'est pas comparable à celui du Livre rouge. Le premier (2), qui est de la fin du xviie siècle, comprend quatre volumes ; l'un comprend la période 664-1139, il renferme entre autres les diplômes de Numerien, d'Otton II et d'Otton III qui y sont d'ailleurs considérés comme suspects ; le deuxième, la période 1190-1362 ; le troisième va de 1363 à 1502 ; le quatrième de 1502 à 1667.

Un autre recueil fut rédigé avant 1700 par Rodolphe Thiery. Il semble que l'œuvre ne fut pas achevée ; il y manque toutes les pièces concernant le Chaumontois et l'Alsace. Les documents y sont ou analysés ou publiés in-extenso suivant leur importance et reliés par un texte très court (3).

Enfin, à la fin du xviiie siècle, en 1788, fut rédigé un nouveau cartulaire, qui resta longtemps conservé à la Bibliothèque de l'évêché ; il se trouve aujourd'hui à celle de la ville. Il est dû à Vuillemin (4).

---

1. Cf. plus haut, p. XII et XIII.

2. Bibl. de Saint-Dié, ms. n° 51, *Titres de Saint-Dié* (de 664 à 1667). Incipit : *Mémoires pour l'histoire de Saint Dieudonné, évêque de Nevers, et pour celle de l'église qu'il a fondée dans la Vôge, au lieu dit présentement Saint-Dié.* — *Catalogue général des Bibliothèques publiques de France*, série in-4°, t. III.

3. Arch. des Vosges, G 232 et G 233. Cf. plus haut p. XIV.

4. *Cartular ecclesiae sancti Deodati.* — *Ecclesiae sancti Deodati monumenta sacra et historica ex manuscriptis et membranis hujus ecclesiae in unum hic inserta, opera, vigiliis ac studio F. Cl. Vuillemin, minoritæ conventualis, archivistæ hujus insignis ecclesiae præbendati. San. Deodati, anno 1788.*

B) — SOURCES NARRATIVES

L'importance des sources narratives n'est pas très grande.
Il n'existe aucune chronique proprement consacrée à l'histoire du chapitre. Les textes narratifs dont nous ferons
usage sont principalement des chroniques relatant l'histoire
des abbayes voisines, notamment de celle de Moyenmoutier
et de Senones et des vies des Saints.

Nous dirons plus loin le manque de valeur historique de la
vita Deodati (1), œuvre composée au xi° siècle. La *vita Hidulphi* (2), histoire du fondateur du monastère de Moyenmoutier, est principalement utile, pour faire ressortir les invrai-
semblances de a *vita Deodati*. Ces deux textes se complètent
par le *liber de Hidulphi successoribus* (3).

D'après trois citations de Ruyr, nous savons qu'un moine
de Moyenmoutier, Valcandus avait écrit une chronique bien
intéressante des faits de son époque, dont il avait été
témoin. Son manuscrit que Ruyr a connu, a complètement
disparu.

Richer, dans son *Histoire de Senones* (4), a donné place à
plusieurs épisodes de l'histoire de saint Dié. Il a narré avec
beaucoup de vie, l'histoire du prévôt Mathieu, et embelli la
légende de Saint Dié. Jean de Bayon (5) après lui n'a apporté
que de nouveaux éléments légendaires, dans l'histoire des

------

1. *Vita Deodati*, AA. SS. t. III (Junii), p. 872-883-884.

2. *Vita Hidulphi*, AA. SS., t, III (Julii), p. 205 et suiv.

3. Dom Calmet, *Hist. de Lorr.* t. II, pr. col. XLIX, Mon. Germ.
SS. t. IV.

4. *Gesta Senonensis ecclesiae*, Mon. Germ. SS. t. XXV, p. 249
et suiv.

5. Bibl. Nat., Nouv. acq. lat., 10015, fol. 410 p. (1682). —
Fragment dans Belhomme, *Historia Mediani... monasterii*, p. 228.

origines. Un chanoine de Saint Dié, qui vivait au xvie siècle, Jean Herquel de Plainfaing (Herculanus) (1) a rédigé une courte histoire du val de Galilée, où il s'est contenté de paraphraser Richer, en embellissant encore la légende de saint Dié.

Tels sont les principaux textes narratifs, d'intérêt très inégal, qui peuvent nous apporter quelques renseignements sur le chapitre, en particulier sur les origines.

1. Dom Calmet, *Histoire... de Lorraine*, 1re édition, t. III, pr. col. CXXXIV.

II

TRAVAUX

a) — Ouvrages manuscrits relatifs à l'Histoire du Chapitre.

Le grand prévôt De Riguet, qui vivait au xviie siècle, rassembla un grand nombre de matériaux sur l'histoire du chapitre : il eut dessein d'imprimer d'importants ouvrages, mais ne put réaliser que très imparfaitement ses projets.

Les *Mémoires historiques et chronologiques pour l'insigne église de Saint Dié en Lorraine* (1), forment deux tomes ; le premier va du départ de saint Dié de Nevers, 1325, le second de 1325 à 1667 ; ce sont de véritables annales du chapitre. Sous le nom d'*Observations sur les titres de l'insigne chapitre de Saint Dié*, ils figurent en deux exemplaires à la Bibliothèque de Nancy (2).

D'après les travaux de De Riguet, a été composé un recueil de *plusieurs déclarations, comptes, mémoires... concernant la juridiction spirituelle et temporelle de la grande prévôté de Saint Diez, commençant à 1183 et finissant sous M. de Mahuet, grand prévôt de cette église* (3).

b) — Ouvrages Imprimés relatifs à l'Histoire du Chapitre.

Dès le xvie siècle, un chanoine de Saint Dié, qui fut chantre puis doyen, après avoir composé des poésies et des tra-

---

1. Bibl. de Saint-Dié, ms. n° 9. — 64 pages furent imprimées, Cf Beaupré, *Recherches sur les commencements... de l'imprimerie en Lorraine*, t. I, p. 477.
2. Bibl. de Nancy, ms, n°s 496 et 497.
3. Bibl. de Saint-Dié, ms, n° 10.

ductions, entreprit un grand ouvrage sur l'histoire ecclésiastique des Vosges (1).

Il avait composé en 1594, une traduction de la vita Deodati (2) ; en 1625 parut sa première édition des *Recherches des Sainctes Antiquitez de la Vosge* (3). L'ouvrage renfermait cinq gravures de Callot et deux autres d'un inconnu. Comme le titre l'indique, Ruyr ne se consacrait pas seulement à l'histoire du chapitre de Saint Dié, mais celle-ci y tenait une grande place. La deuxième édition parut en 1634 (4) elle était très augmentée ; seules les gravures avaient disparu. Le dernier état de l'œuvre de Ruyr est représenté par un manuscrit de la Bibliothèque de Saint Dié (5), provenant de Senones. Beaucoup de suppressions utiles ont été opérées. Il a fait disparaître le voyage de Saint Dié à Trêves et ajouté trois chapitres sur les débuts des monastères vosgiens. Ruyr est un historien de valeur, qui rapporte les documents avec exactitude, sait les interpréter, et en tirer un bon profit. Il cite ses sources, et la liste en est relativement longue : il a connu la plupart des ouvrages historiques répandus de son temps.

------

1. Ch. Chapelier, *Jean Ruyr, sa biographie, ses œuvres, Bull. de la Soc. Philom. Vosgienne*, t. XVII (1891-1892).

2. *La vie et l'histoire de Sainct Dié, évesque de Nevers*, traduction du latin en français par Mre Jean Ruyr, charmesien, secrétaire de l'insigne église et chapitre de Sainct Diey, à Troyes chez Jean Oudot... 1594, petit in-4°. [1 seul exemplaire au musée Lorrain à Nancy.]

3. *Recherches des sainctes antiquitez de la Vosge province-Lorraine*, par Jean Ruyr, charmesien, chantre et chanoine de l'insigne église collegiate de Sainct-Dié, 1625, à Saint-Dié, par Jacques Marlier, imprimeur de son Altesse, 3 parties en un petit in-4°. — Frontispice et gravures.

4. *Recherches... revues, corrigées et augmentées depuis la première édition par Jean Ruyr...* A Epinal, par Ambroise Amb [roise], 1634. Petit in-4°. — 1° : dédicace, pièces dites jeux de mots, permis d'imprimer et privilège. 2° :texte, 479 p. en 3 parties. — Cf. Beaupré, *Recherches... sur les commencements de l'imprimerie en Lorraine*, p. 374, 375.

5. Bibl. de Saint-Dié, Ms, n° 18.

Les ouvrages que de Riguet ne put imprimer, profitèrent à un de ses successeurs à la grande prévôté : *Jean-Claude Sommier*, né à Vauvillers (Haute-Saône) en 1661 ; il fit des études très sérieuses à Paris, Besançon, Dôle ; négocia pour le duc à Vienne, Parme, Paris, Rome où il prêcha devant le pape ; resta jusqu'à sa mort curé de Champ-le-Duc, petit village vosgien ; archevêque de Tyr, puis de Césarée (1724), il fut élu grand prévôt en 1725.

Dès l'année suivante paraissait son *Histoire de l'église de Saint Diez* (1). Dès la préface perçait l'idée inspiratrice de cet ouvrage : « *L'église collégiale de Saint Diez dans la pro-* « *vince de Voges en Lorraine est une des plus illustres égli-* « *ses des Gaules après les cathédrales. Elle a tous les droits* « *de celles-cy et à la réserve de la puissance de l'ordre, ses* « *prélats exercent toutes les fonctions qui dépendent du* « *ministère épiscopal* ». Justifier cette thèse ne pouvait manquer de soulever de graves discussions ; ce qui arriva. Brouilly répondit par un volume intitulé *Défense de l'église de Toul contre les entreprises du chapitre de Saint Dié et des abbés de la Voge* (2). Sommier riposta par son *Apologie de l'histoire de l'église de Saint Diez* (3). Les réponses s'entrechoquaient, l'évêque de Toul menaçait, enfin en 1743, le pape Benoît XIV donna raison à Sommier. Son principal ouvrage n'est pas sans mérite ; c'est l'histoire suivie des grands prévôts, avec mentions de nombreuses pièces et additions de preuves bien éditées.

La thèse que Gravier défendit, différait essentiellement de celle que Sommier avait soutenue : il attaquait violemment les historiens ecclésiastiques et tout en protestant de son désir de rechercher la seule vérité sans parti pris, il ne songeait qu'à flétrir les excès et les turpitudes du clergé et de l'Eglise. Il n'est pas possible de mettre plus de candeur et de

---

1. *Histoire de l'église de Saint-Diez, avec les pièces justificatives de ses immunités et privilèges...* — Saint-Diez. Bouchard, 1726, in-8° XXXXVI-479 p.

2. Toul, 1727-1746, 2 vol. in-4°, VII-443 et 34 p.

3. Saint-Diez, Charlot 1737, in-8°, 151-LIX p.

bonne foi à s'entourer de dangereuses idées préconçues. Son *Histoire de la ville épiscopale et de l'arrondissement de Saint Dié... sous le gouvernement théocratique de quatre monastères en opposition avec les ducs de Lorraine et les princes constitutionnels de Salm* (1) ne mérite pas cependant que des critiques. L'auteur a su tirer parti dans beaucoup de cas des documents qu'il venait de classer ; quand il s'en tient aux faits, sa narration est claire et vivante. Son livre, malgré ses grands défauts, peut rendre des services : l'auteur a connu des documents qui ont disparu aujourd'hui, mais il a négligé le plus souvent d'indiquer les références.

Citons, pour clore cette liste, un précis de l'Histoire de Saint Dié sans la moindre originalité, par Ch. Chanzy (2).

---

1. Epinal, Gérard, 1836, in-8°, XXXII-400 p., pl. de monnaies, 1 carte. — La Société d'Emulation des Vosges a conservé un numéro ébauché du présent travail : seule, l'Histoire de Saint-Dié y est traitée.

2. Chanzy (Ch.), *Précis Chronologique de l'histoire de la ville de Saint-Dié...* Saint-Dié 1855. — Le ms. de cet ouvrage est à la Bibliothèque de Saint-Dié, sous le numéro 79.

Privilège de Numérien, évêque de Trèves (640. circa — 666, circa) pour le chapitre de Saint-Dié.

PREMIÈRE PARTIE

CHAPITRE PREMIER

Les origines : le monastère (VIIe-Xe siècle).

1° *Le privilège de Numérien.*

La tradition rapporte qu'un évêque de Nevers du nom de Déodat, aurait quitté son siège épiscopal sous le règne de Childéric II (660-673) et serait venu après de multiples pérégrinations s'établir dans la vallée de la Meurthe pour y fonder, dans la solitude, un monastère. Il convient de rechercher quelle part de vérité historique peut renfermer cette légende, d'en expliquer l'origine et de contrôler ses données à l'aide des documnets qui subsistent encore.

Malheureusement, il ne nous reste pas d'acte authentique de cette fondation : le seul privilège ayant échappé aux incendies qui déjà au XIe siècle, avaient ravagé le monastère, est une charte de l'évêque de Trèves Numérien, qui vivait, d'après les catalogues de la province (1) vers le milieu du VIIe siècle. Nous ne savons pas grand'chose de plus de ce personnage. Son diplôme aujourd'hui précieusement conservé dans le coffre-fort de l'Hôtel de Ville de Saint-Dié, est à vrai dire, dans la forme qu'il revêt, quel-

---

1. *Series episcoporum Treverensium,* ed. Pertz, MM. SS. XIII, p. 298. Gams, *Series episcoporum,* Numerianus c. 640, + 5 juillet, c. 666.

que peu énigmatique. Il a donné lieu à des controverses passionnées, et de nos jours la question de sa valeur historique a été diversement agitée. La raison primordiale en est que la tradition suivant laquelle nous le connaissons ne peut être l'originale. L'écriture est manifestement de la fin du X° siècle ou du début du XI°, et il n'est pas besoin d'un examen approfondi pour s'en rendre compte (1). Au reste, aucune discussion possible sur ce point ; les historiens du chapitre ont tous reconnu cette particularité, dès le XVII° siècle. Toute la question revient à dire si le document que nous possédons est la copie exacte d'un original authentique, ou s'il ne représente qu'un faux, fabriqué de toutes pièces. Les historiens du chapitre ont mis tous leurs efforts à soutenir la première thèse, disons tout de suite qu'ils y avaient un intérêt capital, nous verrons pourquoi ; Mabillon (2), Dom Calmet (3), la Gallia Christiana (4), en ont consacré la valeur, en le publiant. De nos jours les érudits sont partagés : Rettberg (5), l'a tenu pour faux ; par contre MM. Pfister (6), Jérôme (7), Krusch (8), ont admis son authenticité relative. Un dernier critique, M. Levillain, tout en rendant grand hommage aux travaux de M. Pfister à ce sujet, a conclu nettement : « *Le « privilège de Numérien pour Saint-Dié est un texte sus- « pect... Les résultats* [de la critique de M. Pfister] *me*

---

1. Sommier, *Histoire de l'église de Saint-Diez*, p. 14-26, et pr., p. 337.

2. Mabillon, *Annales ordinis sancti Benedicti*, t. I, p. 640.

3. Dom Calmet, *Histoire de Lorraine*, t. I (1re édit.) pr. col. 259.

4. *Gallia Christiana*, XIII, instrumenta, col. 291.

5. Rettberg, *Reichliche Geschichte Deutschlands*, 1846, in-8° I, p. 524.

6. Pfister, *Les légendes de saint Dié et de saint Hidulphe. Annales de l'Est*, t. 19 (1889) pp. 379-408 et 556-588.

7. Jerôme, *L'abbaye de Moyenmoutier*, Paris. 1902, in-8°, p. 66, n. 1.

8. Krusch, *Die Urkunde von Corbie, Neues Archiv.* XXX, p. 349 et 351.

« *paraissent négatifs et la tradition manuscrite comme*
« *pièce d'archives étant du Xe siècle, j'inclinerais à pen-*
« *ser que le texte lui-même n'est guère plus ancien* » (1).

Avant de nous ranger à l'une ou à l'autre de ces opinions motivées, nous croyons utile de reprendre pour notre compte l'examen du privilège.

Dès la première ligne en lettres allongées, à grandes
hastes bouclées, qui comprend : 1° l'adresse à ses comprovinciaux, 2° la suscription de Numérien, les difficultés apparaissent (2). L'ensemble de la formule n'est pas anormal : on le retrouve dans le privilège octroyé par l'évêque
de Meaux Burgondofare, à l'abbaye de Rebais (3), dans
celui de l'évêque de Châlons Bertoendus pour Montierender (4). Les trois évêques nommés, Childulfus, Gisloaldus,
Eborinus sont connus par des textes et occupaient respectivement les sièges de Metz, Toul et Verdun (5). Leur titre
de comprovinciaux et celui d'archevêque que prend Numérien (6), nous frappent cependant. L'abbé Lesne, dans
sa savante étude sur la hiérarchie épiscopale (7), nous renseigne utilement à ce sujet. Les provinces ecclésiastiques
n'avaient plus au VIIe siècle aucune existence effective. Les
évêques avaient une vague idée qu'ils appartenaient à une

---

1. Levillain, *Les plus anciennes chartes de Corbie. Le Moyen
âge*, 1904, p. 144, n. 2.

2. « + Dominis sanctis et summi culminis apici pontificalisque cathedre specula presidentibus in Christo fratribus Childulpho et Sloaldo. Eborino episcopis comprovincialibus, Numerianus
archiepiscopus ».

3. Pardessus, *Diplomata*, II, 39.

4. Ibid., II, 221.

5. Mabillon, *Acta sanctorum ordinis sancti Benedicti*, II, p.
1063. — *Gesta episcoporum Virdunensium*, MM. SS. ; IV, 43. —
Gesta episcoporum Tullensium, ibid., VIII, 635.

6. *Series archiepiscoporum Treverensium*, MM. SS. XIII, p. 298.

7. Lesne, *La hiérarchie épiscopale... depuis la réforme de saint
Boniface jusqu'à la mort d'Hincmar*, Lille, Paris 1905, in-8°,
XV-350 pages.

province, et les termes de *provinciales* et de *comprovincia-les* (1) dont ils se désignent entre eux se retrouvent dans les décisions des conciles de Reims (627-630) et de Châlons (639-654) (2), aussi dans un diplôme de l'évêque de Soissons (666) adressé à « *ses frères comprovinciaux de la cité de Soissons* » (3), de même dans la charte d'Emmon de Sens, pour le monastère Saint Pierre (659) (4). Mais cette désignation n'indique pas le moins du monde un rang dans la hiérarchie : les évêques se la donnent entr'eux et parmi eux celui de Reims ne se distingue que par la place — la première — qu'il occupe dans la liste.

Le titre d'archevêque donné à Numérien, dans notre privilège, ne peut être accepté de la même façon. Si en Orient, on l'applique dès le V° siècle, si Grégoire le Grand le donne, comme marque d'honneur à des évêques italiens ou Orientaux, si même le *Liber diurnus,* composé à la fin du VII° siècle ou au commencement du VIII°, le donne à l'evêque de Ravenne, en Gaule, au VIII° siècle, il est encore inconnu (5).

Au concile de 742 (6), il n'est question ni de métropolitains ni de provinces. En 810 (7), Amalaire, évêque de Trèves, est tout étonné, et le manifeste, que Charlemagne lui attribue des droits de métropolitain, en lui donnant l'ordre de convoquer ses suffragants au sujet de la rédaction d'un traité sur le baptême. Mais en 811, le même Amalaire figure comme métropolitain dans le testament de Charlemagne. Nous ne pouvons donc admettre que ce titre d'archevêque ait été pris au VII° siècle, par Numérien. De là deux conclusions possibles : ou le scribe a rajeuni le texte de l'original — c'est l'hypothèse de M. Pfister (8);

---

1. Lesne, *op. cit.,* p. 23 et suiv.
2. Maassen. *Concilia aevi merovingici, Mon. Germ hist,* in 4°
3. Pardessus, *Diplomata,* II, 38.
4. Ibid., II, 112.
5. Lesne, *op. cit.,* p. 28 n. 2.
6. Ibid., p. 39.
7. Ibid., p. 67, 68.
8. Pfister, *op. cit.,* p. 380-381.

— · ou le privilège que nous possédons n'a pas eu d'original et n'est qu'un simple faux que dénote ce titre d'une autre époque que le VIIe siècle. Nous ne pouvons adopter la première. D'autres observations fortifient notre opinion : de quel droit, en effet, un évêque de Trèves, à une époque où ses prérogatives de métropolitain sont totalement oubliées, viendrait-il accorder, à un monastère, des privilèges qui ne dépendent pas de son diocèse. M. Pfister a tourné la difficulté sur ce point : Numérien, dit-il en substance, ne figure là qu'au même titre que les autres comprovinciaux, de même que l'archevêque de Reims, parmi les autres évêques, qui ont été présents à l'acte de donation déjà cité, de l'évêque de Soissons. « C'était une habitude et une précaution de réunir pour une donation, plusieurs évêques ou au moins de la leur adresser ». Mais ceci ne nous explique pas pourquoi c'est l'évêque de Trèves, qui fait cette démarche, et non celui de Toul, dont dépendait le territoire concédé. Ce fut là d'ailleurs le grand argument des historiens des évêques de Toul ; Sickel l'a admis comme décisif (1).

A la suite de l'adresse et de la suscription, figure un préambule de forme courante. La suite (2) nous aprrend qu'un évêque Deodatus, avait fondé des églises en l'honneur de Notre-Dame, des saints Pierre et Paul, Euchaire, Materne et Maximin, Maurice, Exupère et Candide, et de tous leurs compagnons, dans un lieu appelé *Galilée*, qui auparavant portait le nom de *Juncturas*. Cet emplacement

---

1. Sickel. *Beitrage zur diplomatik*, Vienne, 1864.

2. « ...supradictus Deodatus episcopus cenobii septa in honore *sancte Dei genitricis Marie vel sanctorum apostolorum Petri et Pauli et sociorum eorum et sancti Eucharii, Materni, et Maximini et omnium sociorum eorum et sancti Mauricii, Exuperii, et Candidi vel sociorum eorum basilicas intra heremi secretum locum nuncupante Galilea quod prius Juncturas vocabatur super fluvios Murte et Raurobacco. In propriatate autem sua quam ex fisci largitate promeruit, monasterium construxit ubi monachos vel peregrinos sub regula beati Benedicti vel sancti Columbani abbatis collocavit* ».

se trouvait à la fois sur la Meurthe et le ruisseau de Robache, c'est-à-dire à leur confluent, — sur une terre du fisc, qui la lui concéda. Là il construisit un monastère où il établit des moines, astreints à la règle de saint Benoît et à celle de saint Colomban. Ce texte demande quelques commentaires. Et l'on peut croire qu'ils ne lui ont pas manqué.

a. — Le titre d'évêque attribué à Deodatus ne mentionne pas de nom de diocèse. Nous ignorons l'origine du fondateur. Beaucoup de moines irlandais, remarque M. Pfister (1) portaient ce titre, et mis à la tête de monastères ils ie gardaient ; d'autre part c'est à des abbayes d'origine irlandaise que des privilèges d'exemption du genre de ceux que nous verrons énumérés plus loin, étaient accordés. Sickel a contesté ce dernier point (2).

b. — Le privilège semble considérer le lieu d'établissement comme un véritable désert, nous croyons que c'est là plutôt une formule habituelle, qu'il ne faut pas prendre à la lettre. Sans doute la forêt devait être encore très développée jusqu'à couvrir la majeure partie de la région ; sans doute au VII° siècle, la population ne devait pas en être bien importante, mais le pays avait déjà reçu depuis longtemps des occupants. Des voies romaines le sillonnaient, et Jointures se trouvait au croisement de deux voies d'importance secondaire, l'une venant de Colmar (Argentovaria) et allant vers la grande voie de Langres à Strasbourg, l'autre appelée *Via Salinatorum,* chemin des Sauniers, à cause des puits salés qui se trouvaient sur son parcours (3). Cette jonction de route avait suggéré à un érudit l'explication de ce mot de *Juncturas.*

Les routes ne sont pas les seules traces de l'occupation romaine : quand en 1808-09, on reconstruisit le pont sur

---

1. Pfister, *op. cit.,* p. 382. Il cite Romanus, abbé de Mazerolles, près Poitiers, St Firmin, abbé de Reichenau et de Murbach, Duban, abbé de Honau.

2. Sickel, *Beitrage zur Diplomatik,* Vienne 1864, t. IV, p. 10.

3. A. Fournier, *Topographie ancienne du département des Vosges, 6° fascicule, Des noms de lieux,* dans *Annales de la Soc. d'Emulation des Vosges,* 1897, p. 78 et 148.

la Meurthe, à Saint-Dié, on trouva à une certaine profondeur une grande quantité de pièces de monnaie romaines, de Trajan à Décence, ainsi que des substructions de plus d'un mètre d'épaisseur (1). Non loin de Saint-Dié, à Saint-Jean-d'Ormont, on a découvert une curieuse tombe gallo-romaine. Ailleurs, c'est une statue de Mercure, une amphore, une tête de Junon, des monnaies d'argent (2).

La grande théorie des historiens de Saint-Dié ne peut donc se soutenir : se basant sur les termes du privilège, ils soutenaient que la vallée supérieure de la Meurthe, étant déserte, ne pouvait faire partie de la juridiction de l'évêque de Toul, et que saint Dié et ses successeurs, les grands prévôts, y avaient toute la puissance spirituelle.

c. — L'emplacement de la fondation s'appelait *Juncturas*, Joinctures : nous avons dit quelle explication l'on pouvait donner de ce mot. Il en est une autre, plus plausible, et que la présence dans les chartes des noms de la Meurthe et du Robache, rend plus acceptable. Deodatus a choisi le confluent de deux cours d'eau ; mais en l'état actuel des terrains l'explication serait impossible, si l'on n' supposait que la Meurthe ou un de ses bras n'ait eu un cours reporté plus au nord. Ainsi les murs extérieurs de l'abbaye se trouvaient baignés par les deux ruisseaux.

d. — Le nom de Galilée, attribué à Joinctures, a excité la sagacité des historiens. De Riguet (3) y voyait une allusion à la dernière station des processions, appelée Galilée : saint Dié aurait considéré le lieu comme sa dernière demeure. Un érudit (4) a cherché de nos jours une explica-

---

1. Gravier, *op. cit.*, p. 28-30. — Les monnaies se trouvent au musée de la Société Philomatique à Saint-Dié. (Cf. *Bull. Soc. philom. Vosgienne* II, 1877-78).

2. G. Save et C. Schuler. *L'église de Saint-Dié*, 1ʳᵉ partie : notice historique jusqu'au xiiiᵉ siècle et monographie de l'église Notre-Dame. *Bull. Soc. Philom. Vosgienne*, VIII (1882-1883), p. 23.

3. F. de Riguet. *Mémoires historiques et chronologiques pour la vie de Saint-Dié*, Nancy, 1680, p. 23.

4. A. Hingre, *Galilée : signification et origine du nom ancien*

tion bien plus compliquée : se basant sur ce que *Galilea* signifie galerie, d'où cloître, abbaye, il conclut que saint Dié appela cloître ce qui auparavant se nommait Joinctures. Il n'arrive à ce résultat qu'en ramenant le latin du haut moyen-âge, à la pureté classique et en rendant au participe présent *nuncupante* sa valeur active. C'est beaucoup trop subtil, croyons-nous. Bien certainement, Deodatus, imbu des livres sacrés, n'a songé qu'à donner au site qu'il choisissait le nom de la terre sacrée de Galilée, où le Christ avait passé sa vie (1).

e. — L'emplacement choisi faisait partie des terres du fisc. Sans doute, y eut-il une concession royale, analogue à celle faite à l'abbaye de Senones (2). Mais dès le XI° siècle il n'y avait plus trace de cette donation. Elle entraînait pour l'abbaye des conditions particulières : la protection du prince avec l'immunité (3) et le droit pour le roi ou l'empereur d'en disposer. Charlemagne, nous le verrons, usa de ce droit.

f. — On a tiré grand argument contre l'authenticité de notre privilège, du nombre des patrons attribué aux églises fondées par Deodatus. A quoi l'on a répondu par le même procédé de raisonnement, qui permet d'expliquer la présence du titre insolite d'archevêque (4). Nous nous étonnons aussi que le fondateur ait eu déjà le temps d'élever plusieurs églises, si modestes soient-elles. N'y aurait-il pas là une tentative pour expliquer les droits du monastère sur les églises de la vallée ?   —

____

du *monastère du val de Saint-Dié (Bull. Soc. Philom. Vosgienne,* IV, p. 57).

G. Save a repris pour lui cette théorie (ibid., t. VIII, p. 32).

1. C'est aussi l'opinion de M. Pfister, *op. cit. (Annales de l'Est,* t. III, p. 287).

2. Calmet, *Hist. ecclés. et civile de Lorraine,* 2° édit. et Mabillon. *Annales ord. sancti Benedicti,* t. 1, p. 692.

3. Elle était placée sous le *mundebundium* et défendue sans doute par le ban de 60 sous.

4. Pfister, *op. cit. (Annales de l'Est,* t. III, p. 388-389).

g. — Enfin nous apprenons que la règle adoptée est mixte, qu'elle associe les prescriptions de saint Colomban (1) à celles de saint Benoît (2). On tempérait la rudesse de la première par les sages conseils de la seconde. Le plus ancien exemple de cette combinaison, se trouve dans le privilège déjà cité de Saint-Faron pour l'abbaye de Rebais (637) (3), on y parle de la règle de Benoît et de Colomban ; ailleurs, on indique l'influence des moines de Luxeuil sur la règle bénédictine.

A la suite de l'exposé de la fondation dont nous venons d'analyser les diverses parties, et avant de passer au dispositif, figure une transition qui a donné lieu à des interprétations erronées.

Le passage est obscur (4), et se comprendrait difficilement si la comparaison avec les privilèges de Rebais, de Saint Pierre de Sens et de Notre-Dame de Soissons ne venait l'éclairer (5). Il était naturel, et le formulaire de Marculfe (6) en témoigne, — de rappeler les fondations des monastères de Luxeuil, d'Agaune, de Lérins, et de les prendre en quelque sorte pour modèles.

Mais ici le scribe a mal copié la formule, il l'a tronquée et a permis ainsi les contre-sens que les historiens

---

1. A. Malnory. *Quid Luxovienses monachi discipuli sancti Columbani ad regulam monasteriorum atque ad communem ecclesiæ prefectum contulerint.* Parisiis, Bouillon, 1894 in-8°, VIII-96 p., p. 20 et suiv.

2. 3. Pardessus, *Diplomata,* t. II, p. 40 : Regula Benedicti et Columbani... regula Benedicti ad modum Luxoviensem.

4. « Cum etiam sub hujus norma tam de inhabitatoribus quam a quibus cumque ibidem aliquid deligatum est eatenus fuerit factum, inde ergo nos... etc. ».

5. « Et ne hoc nos proprio deliberationis instinctu sacerdotalis posteritas aestimet decrevisse quum etiam sub hujus constitutionis norma Agaunensium locum imoque et monasteria Lirinensium, Luxoviensium, vel basilica domini Marcelli tam de inhabitatoribus libertatem quam a quibuscumque ibidem aliquid delegatum eatenus fuit sancitum ». Pardessus, *Diplomata,* t. II, p. 139.

6. Marculfe, *Formulæ,* édit. Zeumer, t. I, n° 1, p. 39

de Toul (1) et Gaston Save (2), après eux, ont faits, en cherchant dans ces lignes une preuve que le val de la Meurthe était habité auparavant.

Dans le dispositif très développé, l'évêque de Trèves défend expressément à toute personne ecclésiastique ou séculière, évêque, abbé, prêtre, clerc, archidiacre ou roi, de convertir à leur usage ou de diminuer les biens que le roi a concédés ou les donations faites par les fidèles, ou bien erfin les livres sacrés, les ornements et tout ce que les moines, par leurs travaux, pourront ajouter au temporel.

Puis il établit les conditions de succession à la dignité abbatiale après la mort du fondateur. (L'élection devra être faite à l'unanimité) ; le libre choix de l'évêque qui viendra à la demande des religieux, bénir les autels, ou conférer les ordres sacrés. Il ne devra attendre aucun présent et se retirer, son ministère rempli, sans troubler en rien la sécurité du monastère. Les moines y pourront ainsi louer le Seigneur sans contrainte, pour le salut de l'Eglise et du glorieux roi Childebert (3).

Sont ensuite réglées les questions de discipline intérieure. L'abbé réprimandera les religieux coupables ; si par malheur, il ne pouvait arriver à rétablir ou à maintenir l'exacte discipline, alors l'évêque-abbé appellera les autres abbés, suivant la même règle, et ils feront cesser le scandale. Ces privilèges sont très importants. Mais on

---

1. [Brouilly] *Défense de l'église de Toul*, p. 27.

2. G. Save, *op. cit.* (*Bull. Soc. Philom. Vosgienne*, t. VIII, p. 33.

3. « Et cum sepe dictus Deodatus episcopus qui est pater ipsius monasterii de hoc seculo evocatus, illum quem unanimiter omnis congregatio illa ex semetipsis optime regula compertum elegerit, seniorem et abbatem sibi instituat. Et jam si eis oportunum fuerit ecclesiam benedicendam et sacros ordines percipiendos, a quocumque pontifice decreverint licentiam habeant expetendi, nullusque de eodem monasterio, seu de parrochiis aut ceteris monasteriis absque ulla regula vel privilegiis viventibus, muneris causam audeat sperare vel auferre.Et nisi invitatus ab abbate et totius unanimitatis congregatione liceat ei monasterii atterere septa. »

les retrouve, comme le remarque M. Pfister, dans plusieurs autres diplômes accordés à des monastères d'origine irlandaise. Ce passage a été d'ailleurs faussement interprété au XVIII° siècle, et par les historiens de Toul et par ceux de Saint-Dié. Les premiers y ont vu le droit pour leur évêque d'intervenir ; parmi les seconds, Sommier, à l'aide d'une traduction insoutenable, a mis en jeu l'officier du prince : il songeait sans doute au rôle du duc de Lorraine dans la réforme des monastères.

L'acte se termine par les formules d'anathème habituelles et l'annonce des souscriptions de personnages dont le plus grand nombre nous est inconnu. Il faut en excepter Dragobod, évêque de Spire, et Grotehaire, que M. Pfister a identifié avec raison avec Rothaire, évêque de Strasbourg, tous deux vivant d'ailleurs au temps de Childéric II (1).

En résumé, le texte du privilège de Numérien, dans sa forme actuelle, ne peut nous inspirer une grande confiance dans sa valeur diplomatique. Et nous sommes tout près de nous ranger à l'avis de M. Levillain (2) et à convenir que c'est là un acte suspect, qui a bien pu être fabriqué de toutes pièces au X° siècle, à l'aide de traditions courantes et par imitation de privilèges analogues. Son intérêt était capital à cette époque de luttes contre les tentatives des évêques de Toul, qui prétendaient avoir reçu l'abbaye de Saint-Dié des empereurs, et la disputaient aux premiers ducs de Lorraine.

---

1. *Cf.* Pardessus, t. II. 424, 121. — *Gallia Christiana*, t. V. col. 715.

2. « Le privilège de Numérien pour Saint-Dié est un texte suspect. M. Pfister s'est efforcé d'en établir l'authenticité : il a apporté dans son travail toute la diversité de ses connaissances et la plus grande probité ; il permet ainsi au lecteur de contrôler ses conclusions. *Les résultats me paraissent négatifs et la tradition manuscrite, comme pièces d'archives, étant du X° siècle, j'inclinerais à penser que le texte lui-même n'est guère plus ancien* ». (Levillain, *Les plus anciennes chartes de Corbie, Moyen âge*, 1904, p. 144 ,n. 2).

Disons tout de suite que l'authenticité de cette charte importe assez peu : dès le XI° siècle les bulles des papes, sans la rappeler expressément ont confirmé des droits et privilèges analogues à ceux que l'abbaye avait pu recevoir de Numérien. Léon IX en 1049, l'antipape Clément III, Pascal II ont sanctionné l'exemption de juridiction de l'ordinaire et rappelé presque mot à mot les phrases du privilège que nous venons d'examiner (1).

2° *La Légende de saint Dié*

La légende (2) nous rapporte que saint Dié, évêque de Nevers, de noble famille, renonça à l'épiscopat et vint chercher dans les solitudes des montagnes des Vosges un lieu propice pour fonder un monastère. Ceci se passait à l'époque de l'évêque de Toul Garibald. Accompagné de Florent et d'Arbogast, qui devaient devenir plus tard évêques de Strasbourg, il arriva, après avoir traversé une bonne partie de la Gaule, à Romont (3). Là, devant les ef-

---

1. Arch. des Vosges, G 241.

2. *Vita Deodati.* — Publiée d'une façon plus ou moins incomplète par Mosander dans les *Vies de Saints* de Surius t. VI (1618) p. 275 et s., par Jacob Garnich, imprim. à Nancy, *Beatissimi Deodati episcopi vita*, 1619, 36 p. in-12 ; chez Ch. et Nicolas Charlot à Nancy, par les soins de De Riguet, en 1680 ; dans les *Mémoires historiques et chronologiques pour la vie de saint Dié* par De Riguet ; enfin par les Bollandistes (Henschen et Papebrock), AA. SS. t. III, 15 junii 1701) p. 869 et suiv., édition reproduite par Migne, *Patrologie latine*, t. CLI, col. 611-634. Ruyr en a donné une traduction dans ses *Recherches des sainctes Antiquitez de la Vosge*, Saint-Dié, 1626 ; 2° édition, Epinal 1634. — La préface manque dans toutes ces éditions. Elle a été publiée par l'abbé Guinot, *Les Saints du Val de Galilée*, Paris 1852, p. 2 et suiv. et sous une forme plus exacte par M. Lhote, *Analecta Bollandiana*, t. VI (1887) p. 151-156, d'après une copie de Vuillemin, ancien archiviste du chapitre, insérée dans son cartulaire, naguère aux archives de l'évêché. — Sur la *Vita Deodati* cf. Potthast, *Wegweiser durch die geschichtswerke des Europaïschen mittel alters bis 1500*, 1896, t. II, p. 1266 et Glocker, *Saint Déodat, évêque de Nevers, apôtre des Vosges, Revue catholique d'Alsace*, VII, pp. 1-13, 65-74, 130-142.

3. Romont, canton de Rambervillers, arr. d'Epinal, Vosges.

ferts vains d'ouvriers charpentiers pour élever au faîte
d'une maison une grosse poutre, il prit leur place et avec
l'aide de Dieu acheva leur ouvrage. Le seigneur du lieu
enthousiasmé lui fit don de son domaine et lui promit
une redevance de cinq sicles d'argent. Notre évêque continua sa route, et vint à Argentilla (1), mais en butte aux
mauvais traitements des habitants, il renonça à s'y fixer
et passa en Alsace. La légende ne dit pas par quelle route.
Il se fixa entre Ammerschwihr et Ingersheim (2) et trouva
des protecteurs bienveillants dans le seigneur du pays
Hunus et sa femme Huna. Mais les habitants virent d'un
mauvais œil l'installation de saint Dié dans leur territoire. Il partit donc, franchit les Vosges et vint se retirer
dans une caverne sur les bords de la Meurthe. Il vécut là
d'herbes et de fruits sauvages. Or, un jour, Hunus apprit
par un songe que son pieux ami mourait de faim. Il chargea aussitôt des bêtes de somme, qui, sans guide, trouvè-
rent la retraite de saint Dié. Sur la rive gauche de la
Meurthe, un ermitage fut élevé, avec une chapelle dédiée à
Saint Martin. Mais Dié résolut bientôt de les agrandir à
l'aide des dons nombreux qui lui arrivaient. Un jour, étant
allé surveiller les ouvriers qui tiraient des pierres de la
montagne située sur l'autre rive (3), un de ses disciples fut
surpris par la nuit et se coucha sur un tertre qui dominait
la rivière : en songe la Vierge lui apparut et lui ordonna de
bâtir en cet endroit un monastère. Saint Dié se conforma
à cette injonction et ce fut l'origine de l'abbaye. Le saint
eut bientôt de fraternelles relations avec l'abbé d'un monastère voisin, Hidulphe, de Moyenmoutier. Celui-ci avait
aussi abandonné l'épiscopat pour la solitude, et de Trèves
il était venu s'établir à quelque distance de Joinctures (4).
Les deux amis se visitaient fréquemment. Hidulphe

----

1. Cette localité n'existe plus, mais le nom est demeuré à la
rivière, l'Arrentelle.
2. Canton de Kaysersberg, arr. de Colmar (Haut-Rhin).
3. La Montagne d'Ormont, au N.-E. de Saint-Dié.
4. *Vita Hidulphi,* dans Belhomme, *Historia Mediani in mon-*

assista même aux derniers moments de saint Dié. Toute cette histoire dont nous venons de faire un sec résumé nous est contée avec une pieuse élégance et le charme d'un roman par la *Vita Deodati*. Ce texte ne nous est connu par aucun manuscrit ancien, mais dès le XVIᵉ siècle, Jean Ruyr en avait fait une traduction ; au XVIIᵉ Mosander en a donné une édition complète dans les *Vitæ Sanctorum* de Surius. La première édition fut publiée à Nancy en 1619. Ce n'est que de nos jours que la préface en a été retrouvée et éditée (1).

Une note de cette biographie nous apprend qu'elle fut présentée en l'année 1049, la dixième du règne de Henri III et la troisième de son empire, au pape, à Rome, qui l'a approuvée et en a ordonné la lecture publique (2). Cette approbation ne dut pas être postérieure de beaucoup à la rédaction, car cette vie est dédiée au grand prévôt Waldrade qui se trouve mentionné dans la bulle adressée par Léon IX en 1051, à l'évêque de Toul Udon (3). Malgré la fausseté de ce document, que nous nous efforcerons de démontrer, nous pouvons nous baser sur cette mention de Waldrade, comme titulaire de la grande prévôté, le faussaire n'ayant aucun intérêt à mettre un autre nom à la place de celui de son contemporain qu'il devait bien connaître. La rédaction de la vie de saint Dié a donc pu précéder de peu de mois sa présentation au pape.

A qui est-elle due ? Le soin qu'a mis son auteur à ne pas se nommer rend la question délicate à résoudre. C'était certainement un moine de Moyenmoutier : il dédie son récit « *au prévôt Waldrade et au clergé de notre commun* « *patron* » (4) et il rappelle plus loin les relations des moi-

---

te Vosago monasterii, Argentorati, 1724, reproduite dans AA. SS. t. III (Julii) p. 205 et suiv.

1. Voy. ci-dessus, p. 12, n. 2.

2. *Vita Deodati* § 29.

3. Arch. des Vosges, G 241. La bulle, comme nous le montrerons, est fausse, mais ses éléments méritent créance.

4. Préface *Analecta Bollandiana*, t. XI (1887), p. 160.

nes avec les chanoines, qui se rencontraient chaque année à quelque distance de Saint-Dié et célébraient la messe en plein air, sur les reliques des bienheureux Hidulphe et Dié (1). M. Pfister (2) a été plus loin : il a précisé davantage en admettant pour auteur Humbert, moine de Moyenmoutier, plus tard cardinal-évêque de *Silva Candida* (3). Ce dernier a écrit la vie d'Hidulphe, mais il ne semble pas possible qu'il soit l'auteur de la vie de saint Dié ; la *Vita Hidulphi* ne parle pas des rapports de saint Dié et d'Hidulphe, elle laisse même entendre que saint Hidulphe est venu longtemps après saint Dié (4). Il y aurait, dans ces différences, une contradiction trop flagrante. Belhomme a attribué la vie de saint Dié à Valcandus (5) moine de Moyenmoutier, dont Ruyr connut les œuvres, mais qui d'après ce dernier aurait vécu à une époque antérieure à la composition de l'ouvrage (6). Nous ne pouvons autrement préciser. Ce fut sans doute l'élévation de Brunon, évêque de Toul, au trône pontifical, sous le nom de Léon IX, qui suscita la composition de nombreuses vies de saints lorrains, dont celles de saint Gérard, de saint Hidulphe et de saint Dié.

Si nous cherchons maintenant quelle valeur historique nous pouvons attribuer à la *Vita Deodati,* nous aurons à examiner à quelles sources notre biographe a puisé et quels ont été ses procédés de travail. Il semble qu'il ait eu peu de documents à utiliser et que les traditions orales elles-mêmes lui aient manqué. Aussi n'a-t-il pas été em-

1. Préface *Anal. Bolland.,* p. 157.

2. Pfister, *La légende de saint Dié et de saint Hidulphe, Annales de l'Est,* t. III (1889), p. 556.

3. Cf. Richer, *Gesta Senonensis ecclesie,* Mon. Germ, Hist. SS. — Halfmann, *Cardinal Humbert sein leben ind seine werke,* Göttingen, 1883.

4. Saint Dié serait venu dans les Vosges au temps de Garibald tandis que Hidulphe serait arrivé au temps de Jacob.

5. Belhomme, *op. cit.,* p. 129-130.

6. Ruyr, *op. cit.,* 1re édition, p. 209.

barrassé pour créer le récit que nous avons analysé plus haut. Il a fait du fondateur un évêque de Nevers ; est-ce à la faveur d'une mauvaise lecture, comme le suggère M. Pfister (1), ayant lu *Nivernensis* là où il y avait *Hibernensis* ? C'est une hypothèse ingénieuse. En tout cas les catalogues épiscopaux de Nevers sont d'un secours bien minime pour nous éclairer ; parmi les noms des premiers évêques, on trouve bien celui de Deodatus, mais les documents ne nous renseignent pas sur la place qu'occupait ce personnage : les listes sont contradictoires ; confrontées entre elles et combinées par les savantes recherches de Mgr. Duchesne, elles permettent difficilement de placer au VII° siècle, vers 650, un évêque entre Agricola, Rauracus et Leodebaudus.

C'est l'avis même de l'éditeur des Fastes épiscopaux (2).

Comment imaginer le voyage de l'évêque à travers la moitié de la Gaule, à la recherche d'un site favorable à sa retraite, sa traversée des Vosges à deux reprises, sa rapide installation dans la vallée de la Meurthe où on le voit bientôt occuper de nombreux ouvriers à édifier des bâtiments importants (3). Et cela dans un laps de temps très court, trop même pour la vraisemblance. Puis, chose curieuse, il a passé partout où plus tard le chapitre aura des possessions. A Romont (4), au XII° siècle encore, les chanoines recevaient cinq sicles d'argent, au dire de Richer (5). Dans

----

1. Pfister, *op. cit.*, *Annales de l'Est*, t. III (1889), v. 405-406.

2. Duchesne (abbé L.) — *Fastes épiscopaux de l'ancienne Gaule*, t. II, l'Aquitaine et les provinces Lyonnaises, Paris, Fontemoing, 1899, in-8°, p. 483-484. La liste est du XI° Siècle. — Le 6° évêque Rauracus mentionné en 614, 627, 654, le 7°, Leadebaudus en 660, le 5°, Agricola, en 581, 585, 590. — Il y a peu d'intervalle comme on le voit.

3. Cf. *Vita Deodati*.

4. Canton de Rambervillers, arr. d'Epinal, Vosges.

5. « Quos solidos usque ad tempora nostra ecclesie sancti Deodati que nunc est a domino de Romont persolutos esse cognovimus ». Richer, *Gesta Senonensis ecclesie*, I, ch. 4.

les environs de cet Argentilla, où les habitants lui furent
inhospitaliers et dont un ruisseau, l'Arrentelle (1) rappelle
le nom, le chapitre possédait des biens importants à Pierrepont et Sainte-Hélène (1). D'autre part, l'hagiographe
n'a-t-il pas tiré les noms de ses héros Hunus et Huna de
Hunawihr, où le chapitre de même qu'à Ingersheim et
Ammerschwihr eut toujours d'importantes possessions.
Le nom de Diedolshausen que porte encore le hameau du
Bonhomme, et celui de Dietelsbach donné à un petit rus-
seau de la vallée de Kaysersberg ont peut-être servi à la
formation de la légende (3).

En faisant de saint Dié un évêque de Nevers, notre biographe a dû obéir aux mêmes suggestions qui ont amené
à faire de Gondelbert, fondateur de l'abbaye de Senones,
un archevêque de Sens (4), et d'Hidulphe (5), premier abbé
de Moyenmoutier, un archevêque de Trèves. Les miracles
qu'il attribue à son héros n'ont rien de bien original. Ne
peut-on pas rapprocher par exemple l'histoire de la char-
pente de Romont de ce passage où Grégoire de Tours raconte comment les ouvriers d'une basilique que faisait
édifier Constantin, ne pouvant parvenir à lever de magni-
fiques colonnes, la Vierge intervint et trois écoliers vinrent à bout de cet ouvrage difficile (6) ? Il s'est laissé aller
avec complaisance aux caprices de son imagination, en
nous dépeignant l'amitié qui unissait Hidulphe et Déodat:
il nous a même donné les portraits de ces pieux personnages, cherchant un contraste très heureux entre la gran-
d' taille et la beauté grave de saint Dié déjà atteint par

------

1. Affluent de gauche de la Mortagne.
2. Voy. 2e partie, tableau des possessions.
3. Stoffel, *Dictionnaire topographique du département du Ht-
Rhin*, art. *Saint-Dié* (ruisseau de) et *Bonhomme*.
4. Cf. Richer, *Gesta Senonensis ecclesie*, chap. I.
5. *Historia Mediani in Vosago monasterii*, Argentorati, 1724.
AA. SS. Junii, t. III, p. 205 et suiv.
6. Cf. Grégoire de Tours, *Libri in gloria martyrum*, chap. VIII.
Mon. Germ. SS. t. I., p. 498 (5-20).

la vieillesse et la figure angélique de saint Hidulphe encore dans la force de l'âge (1). L'idée lui en était venue bien certainement, de cette coutume, qui voulait qu'au lundi de la Pentecôte, les habitants de Saint-Dié et ceux de Moyenmoutier vinssent au devant les uns des autres, en procession, avec les reliques des glorieux fondateurs (2). Pourtant, il s'en fallait de plusieurs années que les deux prélats eussent pu se connaître et se rencontrer : l'un vivait au temps de l'évêque de Toul Garibald (3), vers '669-679, l'autre sous le pontificat de Jacob (4). Or, entre Garibald et Jacob, les listes épiscopales placent Godon et Bodon, ce dernier ayant eu un épiscopat assez long : il eût donc fallu que quatre évêques se soient succédé dans un laps de temps inférieur à dix années (5). Il n'a donc pas cherché beaucoup de vraisemblance.

Il n'a pas eu plus de souci d'utiliser les quelques documents diplomatiques qu'il devait connaître : un diplôme de Childéric II, donnant à saint Dié le val de Galilée, en des termes bien vagues (6), un autre de Childéric daté d'Aix-la-Chapelle et confirmant, à la prière de Marcinan, successeur de saint Dié, toutes les possesions de l'abbaye (7); enfin le diplôme de Numérien, étudié plus haut, qu'il a mis sous le nom d'Hidulphe, archevêque de Trèves. Le doute n'est pas possible, car l'auteur a inséré des passages copiés mot à mot (8) et résumé longuement les principales parties de ce document.

---

1. *Vita Deodati*, § 16.

2. Ibid., § 26. Ils se rencontraient à Bechamps, à mi-chemin des deux monastères. — Cf. Belhomme, *op. cit.*, p. 22. — Guinot, *Les saints du Val de Galilée*, p. 258.

3. *Vita Deodati*, § 5.

4. Ibidem, § 14 et 23. — Hidulphe serait mort en 707.

5. *Gesta episcoporum Tullensium*.

6. *Vita Deodati*, § 10.

7. Ibidem, § 23.

8. Cf. diplôme de Numérien. — Le passage « Hoc privilegium... fratribus nostris... destinatur... », est reproduit, intégralement avec quelques erreurs de lecture.

Ainsi en dehors des vagues indications de diplômes disparus, des deux dates d'arrivée (669) et de mort de saint Dié (679) (1), la *Vita Deodati,* œuvre d'un moine inconnu de Moyenmoutier, ne nous apporte pas de renseignements acceptables. C'est un document sans aucune valeur historique qui fait simplement honneur à l'imagination et aux qualités de narration de son auteur.

Mais la légende de saint Dié n'avait pas atteint dans cette œuvre le dernier stade de son développement : la chronique d'Ebersheim composée au XII° siècle (2), l'embellit encore. Le religieux qui l'a composée, utilisa, sans doute, dans ce but, des traditions courantes dans son abbaye. Il raconte que le duc d'Alsace Atticus fut converti par Déodat, qui avait reçu du pape, à Rome, la mission d'évangéliser la Germanie. Le duc lui fournit de quoi bâtir un monastère dans l'île de *Novientum* et demanda des reliques à l'abbaye d'Agaune. Ce n'est qu'après avoir achevé cette œuvre, que Déodat vint fonder le monastère de Galilée. On comprend bien le désir, pour les religieux d'Ebersmunster, de mettre au rang de leurs fondateurs-le grand saint vosgien. Mais à l'époque moderne on a essayé de démontrer la réalité de son voyage à Rome : le P. Lecomte a cru voir figurer son nom parmi les signataires d'une instruction, donnée à leurs délégués au concile œcuménique, par 125 évêques réunis à Rome en octobre 679. (Remarquons que saint Dié était mort à cette date). Mais le signataire indiqué sous le nom de Adeodatus, n'est pas notre saint, mais un évêque de Toul inconnu (3).

———————

1. *Vita Deodati,* § 23 ; le texte donne la date exacte de sa mort, 13 des calendes de juillet (19 juin 679), dans la onzième après son arrivée à Joinctures.

2. *Chronicon Eberseimense,* Mon. Germ. SS. t. XXIII, p. 431 et suivantes.

3. « Adeodatus humilis episcopus sanctae ecclesiae Leucorum ». Migne, *Patrologie latine,* t. LXXXVII, col. 1236.

Cf. Willelmus Malmesburiensis, *De gestis pontificum Anglorum* dans Migne, *Patrologie latine,* t. CLXXIX, col. 159 ; Héfélé,

— 20 —

Au XIIIe siècle, Richer, moine de Senones et auteur des *Gesta Senonensis ecclesiæ* (1), a combiné dans son récit les deux traditions, celle d'Ebersheim et celle de Saint-Dié ; il y a même introduit des éléments nouveaux. De cette façon, Deodatus suivit l'itinéraire suivant : « Nevers, Romont, Haguenau, où, dans la forêt, il rencontra Florent et Arbogast, puis Ebersheim, Katzenthal, d'où il fut expulsé par les habitants, Hunawihr, enfin les rives de la Meurthe, où s'élevèrent bientôt, grâce à lui, dix-huit églises. Il ajouta un nouveau miracle à la tradition, en racontant le châtiment exemplaire d'un propriétaire de mauvaise foi, qui, ayant donné sa vigne à saint Dié, l'avait vendangée néanmoins pour son propre compte : au moment où il voulut tirer le vin du tonneau, une nuée de guêpes en sortirent, et le piquèrent cruellement jusqu'à ce qu'il promît de rendre la vigne.

Le chanoine Herquel (2) écrivit au XVIe siècle une petite histoire du Val de Galilée, où il rapporta toute la légende amplifiée par Richer. Il ajouta encore de nouveaux traits sur la réception du saint par Huna à Hunawihr et les charitables relations qui s'établirent entre eux.

Le grand prévôt de Riguet, en 1680, prit soin de fixer l'itinéraire de saint Dié, quand il traversa les Vosges. Il explique par son passage le nom du col du Bonhomme : appellation qu'on lui aurait donnée à cause de la douce mansuétude du saint (3).

De nos jours même on lui attribue deux voyages de Nevers à Trèves (4), tandis qu'au XVIIIe siècle, on l'envoyait à Agaune chercher les reliques de saint Maurice (5).

Histoire des Conciles, t. IV, p. 180. — Jaffé, *Gesta pontificum romanorum*, 2e édit., p. 328, n° 2110.

1. *Monumenta Germaniae*, SS. t. XXV, p. 249.

2. Jean Herquel de Plainfaing, *Antiquitates verissimae Vallis Galileae a Jo. Herculano collectae*, Bibl. Nat. lat. 12869.

3. Riguet, *Mémoires historiques pour la vie de saint Dié*, p. 17.

4. Guirot, *Les Saints du Val de Galilée*, p. 38 et 80.

5. Id. *Ibid.*, p. 36, d'après une vie manuscrite.

Telle est, en résumé, la curieuse évolution de la légende de saint Dié.

3° *Le monastère de Saint-Dié de la mort de son fondateur à la sécularisation.*

L'histoire de la période que nous abordons et qui nous mènera presqu'à la fin du X° siècle n'est guère mieux connue que celle des premières origines. Nous possédons sans doute pour cette époque plusieurs monuments diplomatiques, et les textes narratifs ne font pas complètement défaut. Mais les uns et les autres sont pleins de contradictions, au moins nous ont-ils semblé tels, et ils n'apportent, sur l'obscurité de deux longs siècles, qu'une bien faible lumière.

Nous ne savons rien des successeurs de saint Dié : un seul nom nous est connu par la *Vita Deodati* (1). Elle mentionne un diplôme où Childéric III (743-751) aurait confirmé l'abbaye dans tous ses biens dont il donnait le dénombrement : il était adressé à *Marcinan*. Ce devait être sinon le successeur immédiat, du moins un des successeurs de saint Dié à l'abbaye.

Mais de par sa fondation sur une terre du fisc, l'abbaye de Saint-Dié se trouvait sous la protection, mais aussi sous la dépendance du souverain. Il pouvait disposer d'elle et de ses revenus. L'abbé devait être élu par les moines, mais bien souvent l'empereur intervenait et imposait son candidat. Beaucoup d'abbayes royales dépouillées de leurs libertés, avaient été remises à un évêché ou à un autre monastère ou, plus malheureuses encore, se trouvaient au pouvoir de seigneurs laïcs.

Les *Gesta episcoporum Tullensium* (2) nous rapportent

---

1. *Vita Deodati*, § 23.
2. *Mon. Germ.* SS. T. VIII, p. 637. — Diplôme d'Otton II (975, 18 mars). *Id.* DD. t. II, p. 112.

que l'évêque Jacques qui vivait vers 756 et avait succédé à Bodon sur le siège de Toul, acquit du roi Pépin l'abbaye de Saint-Dié. Nous ne pouvons que faire toutes réserves sur ce fait, que la chronique a tiré d'un diplôme d'Otton II de l'année 975, car nous allons voir quelques années plus tard Charlemagne faire don de l'abbaye aux religieux de Saint-Denis. Ce diplôme a tous les caractères de l'authenticité, et nous ne croyons pas, comme M. Pfister, qu'il ne représente pas l'original. La donation est de l'an 769 (1). Charles voulant augmenter les biens de l'abbaye de Saint-Denis, où repose son père, et où il désire lui-même être enseveli, lui confère le petit monastère de Saint-Dié, que son père a eu en sa possession (2). L'abbé de Saint-Denis, qui pour le temps était Fulrad, devra y entretenir dix ou quinze religieux, qui jour et nuit prieront pour Charles et pour son glorieux père. Malgré les opinions contraires des historiens du chapitre, qui ont cherché à expliquer que le terme de *monasteriolum* n'avait aucune valeur de diminutif, nous croyons qu'à cette époque, au VIIIe siècle, le monastère était de peu d'importance : le nombre de moines, 10 ou 15, suffisant à le desservir, le montrerait d'ailleurs assez (3). L'abbaye de Saint-Denis ne dut pas conserver longtemps le monastère de Saint-Dié ; nulle mention n'en est faite parmi les possessions de l'abbaye. Peut-être même la donation n'eut-elle jamais de caractère effectif.

----

1. 769, 13 janvier. Donation par Charlemagne, Arch. Nat. K 5, n° 12. — Bardy, *Donation par Charlemagne du Monastère de Saint-Dié à l'abbaye de Saint-Denis*, dans *Bull. de la Soc. Philomatique vosgienne*, t. XX, 1894-95, p. 146-150, texte et fac-simile en phototypie.

2. « Hoc est monasteriolo aliquo qui nuncupatur ad Sancto Deodato infra Vosago silva, sicut eum domnus et genitor noster Pippinus in sua vestitura tenuisse comprobatum est » (lignes 3 et 4 du document).

3. « ...ex videlicet ratione ut semper ipsi fratres decem aut quindecim per vices ibidem ipsum locum custodire debeant... » (ligne 4 du document).

Nous ne saurions plus rien du monastère de Saint-Dié
pendant le IX° siècle, si une mention d'un diplôme de l'empereur Otton III pour l'année 984, ne nous apprenait que
l'évêque de Toul l'avait reçu de l'empire, mais que le roi
Lothaire II, le lui avait enlevé par la violence, au mépris
de tout droit. Il s'agit là du fils de Lothaire, empereur, qui
obtint la Lotharingie à la mort de son père (885) (1).

Si l'on juge de l'état de l'abbaye de Saint-Dié, d'après
celui du monastère voisin de Moyenmoutier — et nous en
sommes réduits à cet expédient, faute de documents, — la
situation devrait y être déplorable. L'anarchie dans la direction, le relâchement des mœurs, étaient à leur comble
au IX° siècle. Avec la prospérité grandissante, la ferveur
des premiers siècles s'en était allée ; les moines et leurs
abbés ne dissimulaient guère leur cupidité, et par le scandale de leur conduite nécessitaient souvent l'intervention
du pouvoir civil. Ce fut le sort de l'abbaye de Moyenmoutier, et bientôt après celui du monastère de Saint-Dié (2).

Mais avant de nous occuper de la réforme que le duc de
Haute-Lorraine Frédéric I entreprit, il est nécessaire d'es-
sayer de nous rendre compte de la façon dont les abbayes
vosgiennes tombèrent en la possession de ce prince. L'archevêque de Cologne Brunon, avait reçu en 956 de son
frère l'empereur Othon, le royaume de Lorraine. Il ne le
garda pas longtemps pour lui, car en 959, ainsi que l'a

---

1. 984 (?). Otton III rend à l'évêque de Toul l'abbaye de Saint-
Dié. Après avoir déclaré qu'elle est toute et d'ancienneté dans le
diocèse de Toul, et que les évêques l'ont possédée en vertu d'un
précepte royal et d'une bulle, il rapporte qu'elle lui a été enlevée,
*licet per incuriam et odium et maxime Lotharii regis excommu-
cati tyrannide et violentia a loca usurpativa fraude sublata fuerit...* » Original, Arch. communales de Saint-Dié. Publié avec des
dates inexactes par Hugo, *Monuments historiques*, t. I, p. 193 (il
donne la date de 979 ; [Brouilly], *Défense de l'église de Toul*,
charte n° 9 (avec la date de 989) ; *Mon. Germ.* DD. t. II, n° 2 des
diplômes d'Otton III. — Pour la date, Cf. Kehr, *Die Urkunden
Ottos III, Insbruck*, 1890, v. 193.

2. Richer, *op. cit., Mon. Germ.* SS. t. XXV.

établi M. Parisot (1), dans son savant ouvrage sur l'origine de la Haute-Lorraine, il en faisait deux parts, l'une fut confiée à Godefroy, c'était la Basse-Lorraine, l'autre à Frédéric. Cette dernière comprenait sept pagi, dont le Chaumontois. Les abbayes vosgiennes en dépendaient. Frédéric et Godefroy, deux Lorrains, tenaient sans doute en fief leur duché, et n'étaient que les lieutenants de l'archevêque Brunon. La mort de celui-ci (965) les rattacha directement au roi d'Allemagne, dont ils dépendirent désormais sans intermédiaire. Leur duché devint une sorte de fief héréditaire (2). Ils rendirent la justice au nom du roi, assistèrent aux assemblées convoquées par lui, et commandèrent les forces de la province. Ils héritèrent des droits que les anciens empereurs carolingiens possédaient sur les abbayes dites royales, ou plutôt ils représentèrent auprès d'elles les rois d'Allemagne ; intermédiaires entre elles et le pouvoir central, ils en furent les *avoués*.

La question n'est pas pour les abbayes de Moyenmoutier et de Saint-Dié aussi claire qu'on le pourrait désirer. Car parmi les seigneurs qui possédèrent la première, un seul, Otton, fils de Ricuin, a été duc de Lotharingie ; Gilbert, le propre frère de Frédéric, ne fut jamais que comte du Chaumontois ou d'une partie, de ce pays. Il y a donc là une difficulté : et l'on ne peut affirmer que c'est comme duc de Haute-Lorraine que Frédéric eut la possession de Moyenmoutier et de Saint-Dié (3). Un érudit pense même que c'est comme héritier d'Otton, fils de Ricuin qu'il les obtint ; ainsi il les aurait eues dès 944 (4), avant d'être duc. L'historien de Moyenmoutier n'a pas résolu la ques-

---

1. Parisot (R.), *Les origines de la Haute Lorraine et sa première maison ducale (959-1033)*, Paris, Picard, 1909, in-8°.

2. Parisot, *op. cit.*, pp. 216, 275.

3. Id. *Ibid.*, p. 401. — M. Pfister (*Les revenus de la collégiale de Saint-Dié au X⁰ siècle, Annales de l'Est*, t. II, 1888, p. 518), l'affirme et fixe l'année 959 comme date de prise de possession.

4. Wichmann, *Adalbero Bischof von Metz*, dans *Jahrbuch des Gesellschaft fur Lothringischen Geschichte*, t. III, p. 140 ; il donne la date de 944.

tion (1) : il croit seulement que Gilbert, frère de Frédéric, resta abbé, après l'avènement de son frère.

Mais un mouvemnet de réforme se manifestait de toute part. L'Institution des abbés laïcs, les invasions normandes, les guerres civiles et étrangères, avaient eu des conséquences désastreuses pour la discipline. Au X* siècle, il n'y avait presque plus de moines à Moyenmoutier et ceux qui y demeuraient s'y conduisaient plutôt en brigands. Les évêques de Toul, de Verdun et de Metz résolurent de mettre fin à cet état de choses déplorable. Les ducs les aidèrent dans cette œuvre de réforme et Frédéric décida de ramener l'exacte discipline à Moyenmoutier (2). Il y appela un moine de Gorze Adelbert (3), qui vint à bout de sa mission difficile, si bien que le duc lui confia la régénération de l'abbaye de Saint-Dié. Richer nous a narré la façon dont il s'acquitta de sa double tâche. Craignant que la direction des deux monastères ne dépassât les limites de ses forces, mais, ne voulant pas mécontenter le duc, il accepta de faire rentrer dans la bonne voie les moines de Saint-Dié ; mais il délégua à sa place un moine de Moyenmoutier, nommé Eucherbert (4), qui trompa complètement ses espérances. Celui-ci, en effet, dissipa rapidement les biens de l'abbaye à laquelle il ne resta même

____

1. Jérôme, *L'abbaye de Moyenmoutier*, Paris, 1902, in-8°, p. 177-179.

2. Parisot, *op. cit.*, p. 301-310.

3. Richer, *op. cit.*, *Mon Germ.*, t. XXV, p. 275, a donné un récit détaillé de ces événements.

4. « ...Cum monasterium Sancti Deodati proprio foret viduatum pastore Adelbertum Mediani Monasterii... adire decrevit et ei, ut dicto monasterio Sancti Deodati preesse vellet, ammonuit... Accersito itaque quodam sui monasterii monacho, Eucherbertum nomine illi Sancti Deodati monasterium tradidit providendum. Qui ipsius loci substanciam et universam suppellectilem in tam brevi tempore dispersit ut fratribus ibidem commorantibus victui necessaria non valeret ministrare. Unde dux valde iratus monachum illum ab amministracione amovere cogitavit. Quod cum ille ducem sibi sensisset iratum, credidit eum munera velle accipere. Conversus vero ad monasterii thesaurum, quia quo manus extenderet non habebat, distrahit calices, cruces decrustat, cappas seri-

plus de quoi subsister. Le duc, irrité, voulut lui enlever la direction. C'est alors qu'Eucherbert, dans l'espoir de se le rendre plus favorable, fit argent des trésors et ornements de l'église, et en offrit le prix à Frédéric. Le duc ne se contenta pas de punir l'indigne pasteur ; édifié sur la valeur des moines, il les expulsa et les remplaça par des chanoines, qui depuis lors y demeurèrent (1). Ce récit qui correspond sans doute assez bien à la réalité, est rapporté sans raison à l'année 942. Cette date ne peut être acceptée, d'autant moins que Richer fixe lui-même ailleurs la date de 960 pour la réforme de Moyenmoutier, et que d'autre part Frédéric ne fut duc qu'en 959. Le *Liber de successoribus Hidulfi*, la place à l'année 964, Ruyr, Herculanus et Sommier ont préféré la date de 954 (2). Il est difficile de préciser davantage, l'événement ne nous étant connu que par les sources narratives. En tout cas, il est antérieur à 975 ; car à cette date l'abbaye de Saint-Dié est mentionnée dans le diplôme d'Otton II, pour l'évêque de Toul, comme ayant reçu des chanoines (3).

M. Parisot pense que c'est à ce moment, lorsqu'il eut restauré l'abbatiat à Moyenmoutier et placé Saint-Dié sous le gouvernement d'un prévôt, que le duc Frédéric, de possesseur, devint avoué des deux établissements (4).

---

cas et ornamenta serica et aurifrigia vendit ducique pretium offerre parat. Cum igitur dux cognovisset, ipsum Eucherbertum monacum ut gratiam ejus recuperaret, tam enormiter deliquisse valde condoluit... ». Richer, *op. cit.*, chap. X.

1. « ...Non tantummodo ipsi monacho penam commissi retorsit sed etiam monachos omnes cum illo suo nequam provisore a monasterio propellere non distulit. Et quia ecclesia Sancti Deodati sub dominio ipsius ducis habebatur nec ipsum locum diu officio divino carere volebat, quia facta monachorum satis expertus erat, canonicos seculares ibidem sicut usque adhuc permanent instituit ». Riicher, *op. cit.*, p. 275.

2. Sommier, *Histoire de l'église de Saint-Dié*, p. 40-41.

3. 975, 18 mars. Otton II rend l'église de Saint-Dié à Gérard, évêque de Toul. *Mon Germ*, DD. t. II, p. 112-113. « Ecclesiam... quondam cum monachis, modo vero cum canonicis provisam... »

4. Parisot, *op. cit.*, p. 310.

CHAPITRE II

Le chapitre et les puissances laïques

1° *Ses relations avec les empereurs et les ducs de Lorraine.*

Nous avons vu comment les Carolingiens disposèrent de l'abbaye que fonda saint Dié sur les terres du fisc octroyées par Childéric II. Abbaye royale, elle fut, au gré de ses posseseurs, vendue à l'évêque de Toul puis donnée à l'abbaye de Saint-Denis (1). Elle figura parmi les biens de Louis le Germanique au partage de Meerssen en 870 (2). Les rois d'Allemagne se considérèrent toujours comme les héritiers des droits des Carolingiens sur elle. Lothaire II semble s'en être emparé, au témoignage du diplôme d'Otton III (984) (3). C'est sans doute par délégation des droits impériaux que Frédéric la reçut de l'archevêque duc Brunon, bien que sur ce point les opinions diffèrent. Ce qui est certain, c'est que les empereurs ne cessèrent d'intervenir pour régler la situation du monastère devenu chapitre.

Nous avons, pour le X° siècle, deux diplômes qui en témoignent suffisamment : l'un émane d'Otton II et

---

1. Cf. Chap. I, p. 22.

2. Louis le Germanique reçut une grande partie du diocèse de Toul, Toul excepté, avec les abbayes de Bonmoutier, Moyenmoutier, Etival, Saint-Dié et Remiremont. (Parisot, *Le royaume de Lorraine sous les Carolingiens (843-923)*, Paris, 1899, in-8°, p. 371.)

3. Cf. Chap. I, p. 23, n. 1.

porte la date du 18 mars 974 (975), l'autre d'Otton III, de l'année 984. Ces deux documents n'ont été connus jusqu'ici que par des copies modernes, ce qui accroissait notablement les difficultés de la critique ; des érudits leur ont dénié toute valeur (1), d'autres contestaient même leur existence (2). Ils se trouvent aujourd'hui conservés aux archives municipales de Saint-Dié. Leurs caractères sont bien ceux des actes de la chancellerie impériale à la même époque ; il suffit d'en comparer les formules et les dates pour s'en rendre compte.

Celui de 975 (3) nous apprend que le fils de l'empereur, Otton, et le duc des Saxons, s'étant plaints de la pauvreté de l'église de Toul dont Gérard est évêque, l'empereur veut lui rendre l'abbaye de Saint-Dié. Il rapelle, d'après un précepte qui, dit-il, en fait foi, l'acquisition de cette abbaye faite du roi Pépin par l'évêque Jacques, puis la spoliation de l'église de Toul par la violence. La donation est perpétuelle : l'abbaye de Saint-Dié, qui est aux mains des chanoines, appartiendra pour toujours aux évêques de Toul, avec toutes ses possessions et tous ses droits, parmi lesquels on remarque le droit de battre monnaie, le tonlieu, le droit sur les marchés. L'acte est donné à Bonn.

Ce diplôme présente deux difficultés : la première a déjà fait l'objet de nos remarques : la vente par Pépin,

---

1. Pfister, *Les revenus de la collégiale de Saint-Dié au X*e *siècle*, déjà cité, p. 325.

2. Parisot, *Les origines de la Haute Lorraine*, p. 253, n. 5.

3. 975, 18 mars. Otton II rend l'abbaye de Saint-Dié à l'évêque Gérard. — Original, arch. comm. de Saint-Dié ; Benoît Picart, *Histoire de Toul*, preuve n° XXII d'après l'original) ; Hugo, *Monuments historiques*, n° 193 (incomplet) ; [Brouilly], *op. cit.*, charte n° 8 (d'après l'original) ; Bœhmer, *Regesta...* n° 460 ; Strumpf, *Regesta...* n° 646.

qu'il rappelle, aurait précédé de peu la donation de Charlemagne (1). Comme cette dernière ne peut être mise en doute, ce serait donc l'autre qui exciterait notre défiance. D'autre part l'existence du duc Frédéric et ses droits sur l'abbaye, qu'il a suffisamment manifestés en la réformant, sont passés ici complètement sous silence. Et ainsi cet acte, au lieu de nous aider à résoudre les différents problèmes de l'acquisition par l'église de Toul et du rôle des premiers ducs, ne fait qu'augmenter notre incertitude. Il nous apprend seulement que l'abbaye a été donnée ou restituée par l'empereur à l'évêque de Toul et que les chanoines y ont succédé aux moines.

Cette donation ne dut pas avoir l'effet que Gérard en attendait puisque, à quelques années de là, en 984 (2), il venait se plaindre à l'empereur et réclamer à nouveau l'église de Saint-Dié. Il affirmait qu'elle avait toujours appartenu à ses précédesseurs, en vertu d'un précepte royal et d'une bulle, et qu'elle leur avait été enlevée par la haine du roi Lothaire II. Le duc Frédéric la tenait en bénéfice au temps d'Otton II, et sa femme et son fils avaient hérité de ses droits (3). La duchesse cependant, eu égard aux droits de l'église de Toul, avait consenti à la restituer à l'évêque Gérard. Et celui-ci, gardant pour son église le monastère, les biens de la prébende des chanoines, les droits d'autels, les dîmes de la mine d'argent ainsi que les cens des hommes de l'église de Saint-Dié avec dix manses dans le Val et leur ban, avait rendu, pour sa vie durant à la duchesse, et après elle à celui de ses fils qu'elle choisirait de concert avec l'évêque, le reste

---

1. Cf. Chap. I., p. 23.
2. Ibidem.
3. « Tenente eam in beneficio tempore genitoris nostri Ottonis Frederico duce cum conjuge Beatrice nepte nostra. »

des possessions. Pareil arrangement est stipulé pour l'abbaye de Moyenmoutier.

Frédéric, après la réforme du monastère de Saint-Dié, en avait gardé l'avouerie (1) ; c'est ce qu'affirme nettement le diplôme ; de ce fait il percevait, pour prix de sa protection, des droits que les documents ne nous permettent pas de fixer très exactement, mais qu'on peut conjecturer facilement : il avait la juridiction criminelle avec ses profits sur les hommes de l'abbaye, une part dans les cens, les produits de la mine d'argent que les chanoines exploitaient, le droit de battre monnaie. Sa femme Béatrix, nièce de l'empereur, avait conservé les droits de son mari. Mais le diplôme ne nous explique pas les motifs pour lesquels elle consentit à en abandonner la plus grande part à l'église de Toul. Les textes narratifs nous offrent à ce sujet une version un peu différente. La chronique de Saint-Mihiel et le *Liber de sancti Hidulphi successoribus* nous apprennent que Frédéric avait établi un château à Bar sur les terres de l'église de Toul et s'était emparé de plusieurs villages voisins. Pour dédommager l'évêque, il lui aurait donné en échange les abbayes de Moyenmoutier et de Saint-Dié, et la cour de Bergheim en Alsace (2). Il est exact que le duc, pour empêcher les ravages des pillards dans la vallée de l'Ornain, ait construit le château de Bar sur les possessions de Toul. Mais quant à l'échange, le diplôme n'en parle pas, et nous devons nous en étonner. Il se peut que le duc ait promis ce dédommagement à l'évêque, mais il ne semble pas qu'il ait tenu sa promesse, puisque le diplôme de 984

1. Cf. Chap. I, p. 26.
2. *Chronicon monasterii sancti Michaelis in pago Virdunensi.* Dom Calmet, *Hist. de Lorraine,* 1re édit., Preuves, col. 357. — Cf. *Vita Sancti Gerardi,* chap. 21, *Mon. Germ.,* SS. t. IV, p. 503.

nous montre la collégiale de Saint-Dié aux mains de sa
femme, et peut-être après sa mort, l'évêque, pour récupérer
ce qui lui était dû, crut meilleur de mentionner des droits
plus anciens encore à la possession de Saint-Dié.

Richer nous raconte, au sujet de Béatrix, un épisode
curieux : elle serait venue à Saint-Dié en 1003 et aurait
exigé des chanoines qu'ils lui montrassent le corps du fondateur de l'abbaye. Elle les menaçait, dit Richer, de les
réduire en son pouvoir s'ils refusaient. N'osant contre-
carrer un désir formulé d'une façon si énergique, ils
levèrent le corps du saint, qui reposait dans un tombeau
de pierre, le placèrent dans une châsse et l'exposèrent
devant l'autel de Saint-Croix, qui est le maître-autel. La
duchesse fut satisfaite et le manifesta en faisant recons-
truire l'église et les bâtiments qui tombaient de vétusté,
à ses frais, avec l'aide d'un comte Louis que l'on ne peut
identifier avec certitude et de plusieurs autres fidèles (1).
Le chroniqueur nous dit que la reconstruction était plus
importante que les précédents bâtiments. Mais lui-même
n'en pouvait certainement plus juger et rien d'antérieur
au XIIe siècle ne subsiste aujourd'hui (2). D'ailleurs si
l'histoire contient une part de vérité, nous ne pouvons
l'accepter intégralement ; la participation de Béatrix aux
travaux de reconstruction y est sans doute l'élément le
plus vraisemblable.

Nous ne pouvons préciser quelles furent les relations

---

1. Richer, *op. cit.*, p. 276-277. M. Parisot identifie, par hypothèse, ce comte Louis avec Louis, père de Ricuin, *comte* du *pagus
Scarponensis*, et grand-père de Louis, mari de Sophie, fille de Frédéric II. Ces trois personnages souscrivent, en 1019, une charte
à l'évêque de Toul Berthold (*Gallia Christiana*, t. XIII, preuves
col. 462.)

2. G. Durand, *Les églises romanes des Vosges*, Paris, 1913, p.
317 et suiv.

du chapitre, du duc Frédéric II, fils de Béatrix, et de l'évêque de Toul. Leurs droits respectifs, quoique définis, devaient être l'origine de contestations sans fin. Et lorsque le duché eut changé de dynastie et qu'il eut passé entre les mains de la maison d'Alsace, la situation n'en fut pas améliorée, bien au contraire. Les nouveaux maîtres voulurent reconquérir, et sur l'évêque et sur les chanoines, des droits plus étendus. Et c'est pour sauvegarder au moins ceux du chapitre qu'une bulle du pape Léon IX, datée du 25 janvier 1051 (1), limita les droits du duc et les prérogatives du chapitre. A vrai dire, nous ne pouvons croire à l'authenticité de ce documents qui, s'il n'est pas complètement fabriqué de main de faussaire, a été fortement interpolé. Nous dirons plus loin (2) en traitant des relations du chapitre avec la cour apostolique, les nombreuses raisons que nous avons de le croire apocryphe (3). Néanmoins il est d'une valeur capitale ; les éléments qui le composent sont sans doute parfaitement authentiques, et, en ce qui concerne notre chapitre, ils doivent représenter le texte d'un jugement impérial, rendu à la diète de Mayence.

Le prévôt de Saint-Dié, fatigué des exactions du nouveau duc Gérard (4), avait sollicité l'appui de l'empereur : celui-ci avait reconnu la pleine possession de leur prébende aux chanoines, sans contestation d'aucune puissance séculière. Les possessions du chapitre se trouvaient protégées par le ban impérial. Les hommes du chapitre

---

1. 1051, v. st., 25 janvier. Bulle de Léon IX, réglant les droits des chanoines et ceux de l'avoué, Arch. des Vosges, G. 241 (2).

2. Chap. III, p. 66 et suiv.

3. C'est également l'opinion de Dom Calmet, *Hist. de Lorr.*, 1re édit., t. I, col. 1057-1058.

4. « ...duce Lotharingorum Frederico mortuo honor ducatus transiens ad alienos heredes oppressionis eorum erat indicium. »

ne devraient à personne aucune redevance. Ils ne seraient soumis à aucune autre juridiction que celle du chapitre. Seuls le crime de fausse monnaie et les affaires relatives au change relèveront de ceux à qui injustice aura été faite. Ce passage n'est pas très clair, mais reconnaît implicitement le droit du duc à punir les coupables, puisque comme avoué il avait le droit de battre monnaie. Les gens de l'église pourront vendre et acheter librement comme par le passé. Toute trouvaille de trésor appartiendra entièrement aux chanoines, alors que d'ordinaire le fisc, comme aujourd'hui encore, prélevait toujours sa part. Le prévôt et le chapitre régleront librement le droit d'héritage dans l'enceinte des bâtiments canoniaux. Ils auront le droit de poursuite à l'égard de leurs hommes ; nul ne devra en entraver l'exercice et ils pourront en user en tout lieu. Toutes ces clauses visent bien évidemment à limiter les pouvoirs du duc et à empêcher ses exactions possibles. Mais celles qui suivent précisent davantage les prérogatives de l'avoué : il ne devra intervenir dans la juridiction du chapitre que sur l'invitation du prévôt qui a reçu de l'évêque de Toul, note la bulle, l'administration du temporel et la charge des âmes, ou, à son défaut, des chanoines (1). Sa mission terminée il recevra seulement le tiers des amendes et du produit des droits de justice (2). Et le duc Gérard, qui a reçu à la demande du chapitre, le titre de défenseur et de voué, en même temps que les

______

1. « Advocatus de justiciis prebende fratrum nullo modo se presumat nisi forte a preposito sancti Deodati qui providentiam temporalium et regimen animarum ab episcopo Tullensi susceperit, vel, loco prepositi, a canonicis in adjutorium vocatus fuerit. »

2. « et tunc pro sua presentia et adjutorio secundum quod prepositi vel fratrum ordinabit diligentia, tantum terciam partem justicie accipiat »

avantages affectés en bénéfice à cette charge, et distincts
de la prébende des chanoines (1), ne devra en rien amoindrir les droits précisés plus haut. En cas d'infraction à ces
clauses, l'évêque de Toul et à son défaut le chapitre, après
trois monitions sans effet, lancera contre lui l'excommunication. Il sera dépouillé de l'avouerie et des droits qui
en dépendent, et l'empereur, à la demande de l'évêque de
Toul et des chanoines de Saint-Dié, pourvoira à son rem-
placement (2). Ceux qui lui succéderont seront soumis aux
mêmes conditions qui ont été arrêtées en présence de
nombreux et illustres témoins, évêques et nobles lorrains
et allemands.

Voici donc réglés les droits et prérogatives de l'avoué :
ils ne sont pas exorbitants et semblent ainsi se limiter aux
profits de la justice partagés avec le chapitre ; encore son
intervention est-elle à la discrétion du chapitre. C'était
peu, mais la précision des défenses faites, la rigueur des
menaces, nous laissent bien entrevoir que les abus étaient
constants, qu'ils avaient été déjà subis, et que le change-
ment de dynastie ducale était un prétexte pour tenter de
les réprimer et peut-être même de diminuer en même
temps les privilèges de ces dangereux protecteurs. Par la
suite nous verrons les efforts continuels des chanoines
pour échapper à leurs exactions sans limites.

Le même empereur Henri IV, qui avait ainsi réglé la

---

1. « Dux Gerardus qui per petitionem deodatensis ecclesiae,
sicut precedentes, per beneficium divisum a prebenda fratrum,
quod possidet deffensor et advocatus consistit... »

2. « Si de omnibus supradictis quispiam diminuere voluerit...
a presule tullensi, vel si caret presule, a conventu ecclesiae tercio
commonitus, incorrigibilis permanserit, excommunicetur et sicut
imperiali judicio decretum est advocatia et beneficio sancti Deodati careat et presul tullensis cum fratribus sancti Deodati ab
imperatore alium advocatm requirat. »

situation de l'avòué et du chapitre, intervint en 1092 (1) pour confirmer, en même temps que le pape Clément III qu'il avait créé, les possessions du chapitre. Pour la première fois nous en avons un aperçu général, mais bien succinct : elles se trouvaient dans le Val de Galilée, en Lorraine et en Alsace, mais le diplôme ne les désigne pas. Nous constatons en même temps l'intervention constante de l'empereur, qui a fait restituer à l'église de Saint-Dié des hommes lui appartenant. Nous croyons du moins pouvoir interpréter dans ce sens le mot *familia,* non autrement précis. Et comme toujours, jusqu'ici, l'évêque de Toul et le duc avoué ont dû donner leur assentiment, et de plus un troisième personnage apparaît, dont l'existence était sans doute antérieure : le sous-avoué, qui, placé à côté du chapitre, pouvait lui fournir une aide plus efficace et une intervention plus rapide. L'empereur, comme sanction de la protection qu'il offre à l'église de Saint-Dié, prévoit une amende de cent livres d'or pour quiconque, duc, marquis, *comes,* vicomte, avoué ou simple tenancier attenterait aux privilèges du chapitre. De l'amende deux parts seront faites : l'une pour la chancellerie impériale, l'autre pour l'église de Saint-Dié. C'est dans des termes analogues que l'empereur Henri IV confirme à son tour les possessions du chapitre (2), mais son diplôme a pour nous une toute autre valeur que le précédent : il énumère en effet les possessions déjà

---

1. 1092, 12 août. Diplôme de Henri III, donné à Belchen (Belchenthal) près de Murbach. Original et copies, arch. des Vosges. G 247. — Livre rouge, p. 34. — Publ. *Documents rares et inédits de l'histoire des Vosges,* t. II, p. 154-156.

2. 1114, 13 janvier. Diplôme de l'empereur Henri IV, donné à Mayence. Original perdu ; copies, Arch. des Vosges, G 247 ; — Livre rouge fol. 32; — *Documents rares... de l'Hiist. des Vosges,* t. II, p. 157-158.

confirmées par le pape Pascal II (1). Pour la première
fois le Val de Galilée est désigné sous le nom de Val de
Saint-Dié (2) : l'église en possède le tiers, avec le cens de
tous ses serviteurs. Les autres biens se trouvent en Lorraine : à Xugney, Viefville, Moyemont, Moriviller, Saint-
Remimont, Coincourt, Xousse, Verdenal ; en Alsace à
Guémar, Hunawihr, Mittelwihr, Ingersheim, Feste, Gru-
zenheim, Sunthofen, Kuenheim, Baldusheim, Meyenheim,
Katzenthal. On en donne l'importance et la nature (3).
Puis l'empereur prend à nouveau les chanoines sous sa
protection, mais la clause des cent livres d'amende a
disparu et ne reparaîtra plus. Et cependant les sanctions
étaient de plus en plus nécessaires. Les ducs avoués conti-
nuaient de plus belle leurs exactions. L'accord conclu
entre le duc Simon Ier (1115-1139) et le prévôt Rambaud (4) le prouve assez, et son préambule ne laisse aucun
doute : il est nécessaire, contient-il, de limiter les coutumes anciennes qui paraissent abolies ou affaiblies dans
leurs effets et de leur rendre leur forme passée. Le Val de
Saint-Dié est partagé entre le ban du duc et celui du
chapitre et le traité règle minutieusetment les droits et la
juridiction des deux parties. Les hommes du chapitre sont
justiciables du duc dans trois cas : s'ils viennent au

---

1. 1109, 10 avril. Bulle de Pascal II confirmant les privilèges
et possessions du chapitre. Original scellé. Arch. des Vosges, G
241 (17); diverses copies dans la même liasse ; — Livre rouge,
f° 20. — Publ. [Brouilly], *op. cit.*, preuve n° 5 ; — Sommier, *op.
cit.*, p. 362 ; — Migne, *Patrologie lat.*, t. CLXIII, p. 256.

2. « ...Vallis Galilee que vulgo Vallis sancti Deodati nomi-
natur... »

3. Voy. la liste des possessions dans la seconde partie de cette
étude.

4. s. d. [1115-1139]. Accord entre le duc Simon I et le prévôt
Rambaud. Original, Bibl. de Nancy. — Publ. Sommier, *op. cit.*,
pièce M, p. 372 ; — Dom Calmet, *Hist. de Lorr.*, t. II, preuves,
col. CCLX.

marché (qui était la propriété ducale et se tenait le mardi) et commettent quelque délit sur place ou en y allant ou revenant, ils seront punis suivant la justice du marché, et l'officier du duc pourra les faire poursuivre sur les terres du chapitre. Les affaires concernant le tonlieu et le change des monnaies iront au duc, et les terres et les meubles du délinquant répondront pour lui, sinon, à leur défaut, il sera puni dans son corps. Le terme dernier pour le payement du cens dû par les gens de l'église, pour des terres situées dans le ban du duc, est fixé à la sainte Marguerite ; ce jour-là ils auront à répondre de toute faute ayant rapport avec ces terres. Mais la prescription sera acquise au bout d'un an, sauf en cas de vol de foin ou de moisson sur leurs voisins. Ces terres sont aussi grevées du service militaire, mais au seul cas où l'empereur appellera le duc avec son contingent. Il sera proportionné à la valeur du cens. Nul n'est contraint d'accepter un office rural ou autre. Celui qui le fait et commet une faute ne pourra être poursuivi ni corporellement ni dans les biens qu'il peut avoir au ban de Saint-Dié. Une série de dispositions règlent les profits de la justice : le chapitre aura la totalité du *vergeld* d'un meurtre commis sur un de ses hommes, et les deux tiers des amendes dont le duc aura le troisième. Il poursuivra le voleur sans le secours de l'avoué, que le vol ait été commis dans le ban de Saint-Dié ou ailleurs. Le duc aura l'exécution du jugement et si le condamné se rachète, deux parts iront au chapitre, la troisième à l'avoué. Le chapitre réglera le duel judiciaire, ou son rachat. En cas de découverte d'argent dans les montagnes du ban de Saint-Dié, la trouvaille appartiendra au prévôt et aux chanoines. Lorsque le duc voudra faire des réglements concernant l'état du Val, la coutume et la paix, il fera convoquer les plus sages et les plus anciens du chapitre.

Tout homme qui aura répondu devant la justice du duc et aura été absous pourra retourner à ses possessions, libre et en paix. Nous avons suivi l'ordre ou plutôt le désordre des différentes dispositions du traité. Elles ne pouvaient qu'être l'origine de contestations perpétuelles. Mais parmi de si nombreux cas particuliers on peut remarquer que le duc se réserve les délits du marché, du tonlieu et du change des monnaies, c'est-à-dire tout ce qui conserne les transactions commerciales ; qu'il a un tiers des amendes et qu'il exécute les sentences criminelles — c'est là un droit qu'il conservera — (3), qu'enfin il est chargé de conduire à l'ost de l'empereur le contingent du pays, le service effectif étant d'ailleurs remplacé par une contribution en argent.

Les réglements et les accords marquaient seulement quelque répit dans les contestations. Dès le temps de Thierry II, l'église de Saint-Dié avait été troublée dans la possession de l'église de Saint-Remimont (1) ; Simon, entre 1125 et 1139, voulut bien la déclarer exempte de toute redevance, à l'exception d'un cens de 5 sous (2). Il ne retint à Coincourt que l'avouerie qui n'était plus dans ses mains mais qu'il avait concédée.

L'affaire ne fut pas terminée cette fois. En 1132, le prévôt Aubert et les chanoines portèrent de nouvelles doléances devant un synode réuni à Thionville (3). Il y avait là l'ar-

---

1. Meurthe, cant. d'Haroué, arrond. de Nancy.

2. s. d. [1125-1139]. Le duc Simon renonce à tout droit sur l'église, sauf un cens de cinq sous. Original, Bibl. de Nancy. — Publ. Dom Calmet, *op. cit.*, t. II, preuves, col. CCLXV ; — Sommier, *op. cit.*, pièce N, p. 376 ; — Pfister, *Les Chartes de la Bibliothèque municipale de Nancy*, dans *Journal de la Soc. d'Archéol. lorr.*, t. 48 (1894), p. 54-64, n° 3.

3. 1132. Diplôme rendu à l'Assemblée de Thionville. Original, Bibl. de Nancy. — Publ. Dom Calmet, *Hist. de Lorraine*, 2e édition, t. V, Preuves, col. CLXXXII ; — Martène, *Thesaurus novus anecdotorum*, t. IV, p. 135 ; — Pfister, *op. cit.*, n° 5.

chevêque de Trèves, Adalberon, les évêques de Metz, de
Toul et de Verdun, et de nombreux seigneurs. Le duc dut
reconnaître ses violences, ses usurpations et ses exactions. Aucun homme du chapitre ne serait justiciable du
plaid ou palais. Le duc renonça aux trois cas essentiels
de trouvaille d'argent, de rapt, d'incendie, et à la taille
que ses officiers prétendaient lever à Coincourt. Les
crimes relatifs au change des monnaies seront désormais
réprimés suivant la coutume de Toul et celle· de Metz,
quand il s'agira d'hommes du chapitre. La renonciation eut un caractère tout à fait solennel : le duc vint à
Saint-Dié avec son jeune fils Mathieu, et reconnut ses
torts devant le corps du saint. Ce ne fut qu'à cette
condition que l'excommunication fut levée. Simon ne
tarda pas à encourir de nouveau les foudres spirituelles.
L'abbaye de Remiremont souffrit grandement des usurpations ducales. Elle s'en plaignit à Rome. Mais entre
temps le duc était mort et l'église de Saint-Dié avait
accueilli son corps. Le pape Innocent II ayant excommunié Simon (1), l'église se trouva elle-même frappée
d'interdit. D'autre part le nouveau duc Mathieu continuait
la déplorable tradition de son père et dépouillait de plus
belle l'abbaye. Le pape mit fin à cette situation par une
bulle de 1144 (2). Il chargeait les archevêques de Trèves et
de Besançon, les évêques de Metz, de Toul, de Verdun et
de Langres, les abbés de Beaupré et de Belchamp, de venir
enquêter à Saint-Dié. vérifier si le duc Simon n'avait pas
été touché par la sentence d'excommunication, s'il était

____

1. 1130-1139. Bulle d'Innocent II, Cartul. de Remiremont,
Arch. des Vosges, G 869, p. 16, n° 9.
2. 1144, n. st., 22 mars. Bulle de Lucius II, Id·., Ibid. Cf. Gravier
Histoire de la ville et de l'arrondissement de Saint-Dié, preuve
n° 12.

mort repentant, et, dans ce cas, l'interdit de l'église serait
levé. Ils feraient observer en même temps la paix conclue
entre l'abbaye de Remiremont et le duc. La tâche était
difficile. Ils en vinrent heureusement à bout.

Le règne de Mathieu Ier fut plus calme que celui de son
père. Il dut vivre en termes corrects avec le chapitre ;
il lui remit en 1170 une redevance de six quartairs
d'avoine, dus sur le moulin de Faromoulin (1). Il dut être
présent en 1157 à la remise du diplôme que Frédéric Barberousse octroya au chapitre (2). Cet acte, en même temps
qu'il confirmait les possessions de l'église de Saint-Dié,
sanctionnait les accords faits par le duc Simon et acceptés
par son fils (3). Ainsi l'empereur continuait son rôle de
défenseur suprême des églises et de régulateur des pouvoirs des avoués. Henri VI ne manqua pas à sa tradition.
Son diplôme de 1196 (4) rappelle les termes des précédents, mais il insiste particulièrement sur les devoirs du
voué et reprend mot à mot les rigoureuses clauses de la
bulle de 1051 (5). Les circonstances où furent données
ces importantes confirmations méritent d'être rappe-

---

1. 1170. Charte de Mathieu I. Original scellé, Arch. des Vosges, G 725. Copies : Bibl. Nat. coll. de Lorraine, mss. 392, fol. 5 ;
Bibl. de Saint-Dié, mss. 8, fol. 100 v°, mss. 9, t. I, p. 274, mss.
29, fol. 189. Publ. Sommier, *op. cit.*, fragment, p. 395. — Duvernoy, *Catalogue des Actes de Mathieu I*, p. 189, n° 72. M. Duvernoy n'a pas connu l'original.

2. 1157, 24 octobre. Diplôme de Frédéric II. Original scellé.
Arch. dép. des Vosges, G 247. Fac simile et transcription, *Musée
des Archives départementales*, Atlas, pl. XXV. et texte, n° 42.

3. Il rappelle, mot à mot, les accords de 1125-1139 et 1132.
Cf. p. 38.

4. 1196, 28 juin. Diplôme de Henri VI. Original scellé, Arch.
des Vosges, G 247 ; — Livre rouge, f° 33. Publ. : *Documents
rares... de l'histoire des Vosges*, t. II, p. 164-165.

5. Cf. ci-dessus, p. 32.

lées (1). La paix régnait alors dans l'empire. Henri VI songea à partir pour la Terre Sainte. Le 18 juin 1196 il quitta Haguenau où il aimait à résider. Il dut traverser les Vosges par la route du col du Bonhomme et passer à Saint-Dié pour se rendre à Bruyères. C'est là que fut octroyé le diplôme et qu'en même temps l'avouerie fut remise à nouveau solennellement au duc Simon II. Cet épisode resta fixé dans les fastes du chapitre et au XIVe siècle on en fit le sujet d'une fresque qui se voit encore dans l'abside de la principale église (2). Le duc reçoit de l'empereur le gant d'avoué ; dans un autre panneau il prête serment entre les mains du prévot de Saint Dié. C'était presque une scène de famille : Simon, neveu de Frédéric Barberousse. était le cousin d'Henri VI et l'oncle du prévôt Mathieu.

C'était déjà une tradition pour les ducs de donner la prévôté de Saint-Dié aux personnes de leur famille. Henri, qui fut prévôt de 1135 à 1160, était le fils de Thierry Ier et frère de Simon Ier ; Thierry, qui lui succéda, était le fils de Mathieu Ier ; Mathieu était le fils de Ferry de Bitche, frère de Simon II (3).

L'empereur n'oubliait pas les liens de parenté. Au moment de s'embarquer, il donnait au chapitre une nou-

---

1. Cf. Benoit, *L'empereur Henri VI dans les Vosges*, dans *Bull. de la Soc. Philomatique Vosgienne*, t. XI, 1885-86, p. 119-135.

2. Cette peinture fut longtemps cachée par le badigeon. Les restaurations de l'église au XIXe siècle la firent reparaître. Malheureusement remise à neuf, elle donne cependant une idée suffisante de l'œuvre ancienne. Cf. Huillard-Bréholles, *Notice sur une ancienne peinture de la collégiale de Saint-Dié*, dans *Mémoires de la Société des Antiquaires de France*, 25e volume, 1862, planche ; G. Save, *A propos d'une peinture historique* dans *Lorraine Artiste*, 1890, *planche*.

3. Sommier, *op. cit.*, p. 116 et suiv. ; Ruyr, *op. cit.*, p. 271 et suiv.

velle marque de sa bienveillance en l'exemptant de tout service dû à l'empire (1). De son côté le duc reconnaissait nettement une valeur légale à la monnaie de Saint-Dié, telle qu'elle avait été, disait-il, réglée par les fondateurs de l'église et acceptée par les ducs ses prédécesseurs (2). En 1200 il donnait en aumône, au chapitre, 40 sous toulois sur ses cens du ban d'Anould, et pareille somme sur ceux de Fraize pour le salut de son âme et pour la fondation d'une messe quotidienne, sa vie durant, et après sa mort, pour son repos éternel (3). Cette pieuse donation, la première que nous ayons rencontrée de la part des ducs, n'avait malheureusement pas la seule piété pour inspiratrice. Elle représentait un acte de réparation pour de nombreuses et injustes exactions. Le dommage avait dû être très important, car le duc fut forcé de prendre de stricts engagements. Il s'astreignit à réparer dans les quarante jours tout dommage apporté au temporel, faute de quoi le duché serait mis en interdit. Et comme gage de ses promesses il offrait des garanties dans les personnes de Ferri de Bitche, son frère, de son neveu Ferri, des seigneurs Simon et Aubert de Parroy et de plusieurs autres. Chacun était garant pour des sommes variant de

---

1. 1197, 15 juillet. Diplôme de l'empereur Henri VI donné à Palerme, remettant au chapitre le service qu'il devait à l'Empire. Original scellé, Arch. des Vosges, G 247 ; Livre rouge, f° 33.— Publ.: *Documents rares... de l'histoire des Vosges*, t. II, p. 164-165.

2. S. d. [fin du XIIe siècle]. Littera monete sancti Deodati sub sigillo Simonis ducis. Livre rouge, f° 124. « Concedimus ut pro censibus atque decimis et quibuscumque redditibus suis, monetam recipiant ejus valencie atque vigoris cujus a primis ejusdem ecclesie fundatoribus ordinata fuit et predecessorum nostrorum illustrissimi Lotharingie ducum temporibus, data et recepta ».

3. 1200, 6 septembe. Donation par le duc Simon II, pour son anniversaire. Original autrefois scellé, Arch. des Vosges, G 248 (16) ; copies dans la même liasse.

100 à 50 livres, et, en cas de non payement au terme fixé, viendrait se rendre à la disposition du prévôt du chapitre.

L'effet ne fut pas celui qu'on pouvait attendre. Simon fit mettre le feu à l'église et enleva aux chanoines un important butin. La réparation fut proportionnée. Il dut abandonner cent sous sur les cens du ban d'Anould : son officier était tenu de les payer directement au chapitre (1).

Le règne de Ferri II, qui succéda à Simon II, fut marqué par une intervention d'une portée bien différente de celle de ses prédécesseurs : la conduite de son oncle, le grand prévôt Mathieu ou Maheu, qui avait été déposé de l'évéché de Toul qu'il cumulait avec la prévôté, était scandaleuse. Débauché, il se conduisait en véritable brigand et n'hésita pas à faire bâtir une maison avec les pierres de l'église. Ferry la fit raser. Mathieu ne s'en tint pas là, et, irrité de voir un autre prélat sur le siège de Toul, il profita d'un voyage de celui-ci dans les Vosges pour le faire assassiner. Le duc Thibaut, qui avait remplacé Ferry, ne put laisser ce crime impuni, et comme l'indigne prévôt avait eu l'audace de se présenter devant lui, il le tua de sa main (2). En 1216 (3), le même duc concéda au chapitre le quartier situé au-delà du pont. D'après les termes de la charte, il semble que ce soit là une restitution, ne comportant qu'une partie de territoire situé sur la rive gauche de la Meurthe.

---

1. 1204. Donation par le duc Simon II, de cens à lever sur le ban d'Anould. Original autrefois scellé, Arch. des Vosges, G 248 (27) ; copies dans la même liasse.

2. Richer, *op. cit.*, livre III, chap. IV.

3. 1216, 30 octobre, Saint-Dié. Donation par le duc Thibaud I, du quartier situé au-delà du pont. Original autrefois scellé, Arch. des Vosges, G 711 ; — Livre rouge, f° 42. — Publ. : Sommier, *op. cit.*, p. 139-140, et pièces justificatives, p. 409.

Avec le duc Mathieu II, nous retrouvons des difficultés sans cesse renaissantes. Il promet en 1222 d'observer fidèlement les privilèges et libertés du chapitre, les ayant jusque- là gravement méconnus, puisqu'il offre en dédommagement cent livres sur les cens d'Anould et de Fraize et cent autres livres que le chapitre possèdera après son décès (1). Puis la série des exactions recommence. En 1225 (2) il avoue de nouveaux dommages, promet pour l'avenir de respecter en fidèle avoué les biens et les libertés du chapitre et de ses hommes, acceptant, en cas d'infraction, de voir sa terre en interdit au bout de quarante jours ; il offre en réparation ses biens du Villers, de Marzelay et de la Pêcherie, et le village d'Hellicule après sa mort, pour le repos de son âme. Le pape Honorius III (3) confirma cette importante cession, et son successeur Grégoire IX (4) fit tous ses efforts pour faire respecter les biens du chapitre. Le duc n'en continua

---

1. 1222, 11 août. Saint-Dié. Donation par le duc Mathieu II, en réparation des dommages causés par lui au chapitre. Original autrefois scellé, Arch. des Vosges, G 248 (30) ; — Livre rouge, f° 126 v°. — Anal. : Le Mercier de Morière, *Catalogue des actes de Mathieu II*, Nancy, 1893, n° 24.

2. 1225, 12 mai, Saint-Dié. Promesse de Mathieu II de ne plus porter atteinte aux droits et libertés du chapitre. Original autrefois scellé, Arch. des Vosges, G 248 (36) ; — Livre rouge, f° 120 ; — Anal. : Le Mercier de Morière *op. cit.*, n° 42.

3. 1225, 11 août, Rieti. Bulle d'Honorius III qui prend sous sa protection les biens du chapitre. Livre rouge, f° 17 v°. — Anal. : Le Mercier de Morière, *op. cit.*, n° 51.

4. 1228, 17 octobre, Pérouse. Confirmation par Grégoire IX de la donation de Marzelay faite au chapitre par le duc de Lorraine. Original, Arch. des Vosges, G 242 ; — Livre rouge, f° 15 r°. — Anal. : Le Mercier de Morière, *op. cit.*, n° 84.

1228, 28 novembre, Pérouse. Injonctions par Grégoire IX au duc de Lorraine, d'avoir à cesser de s'emparer des biens des clercs du chapitre ayant testé ou intestats. Original, Arch. des Vosges, G. 242 ; — Livre rouge, f° 12 v°. — Anal. : Le Mercier de Morière, *op. cit.*, n° 85.

pas. moins. ses déplorables pratiques. En 1230, il est contraint ·de venir, devant les reliques de saint Dié, avouer les innombrables vexations qu'il a infligées durant cette année à l'église. Il jura solennellement d'observer la paix faite, sous peine d'excommunication, et de payer 300 livres au chapitre, à savoir 40 livres par an en deux termes, aux foires de Bar-sur-Aube et à la Saint-Jean-Baptiste. Cette paix fut confirmée par l'archevêque de Trêves, les évêques de Toul et de Metz, le chapitre de Toul (1). Mathieu lui-même renouvela ses promesses en 1232 (2) ; il· abandonna même la juridiction des foires et marchés que les ducs possédaient depuis Simon Ier et peut-être antérieurement, moyennant la renonciation aux 300·livres promises auparavant, et en 1240 (3), il céda les étaux des marchands de drap aux foires de Saint-Dié.

Le chapitre de Saint-Dié se trouva, de par son avouerie,

---

1. 1230, 8 juillet, Trêves. Charte de Thierry, archevêque de Trèves, notifiant à tout le clergé de son diocèse la pénitence accomplie ·par le duc Mathieu le 27 juin précédent, et les engagements qu'il a pris. Copie du XVe siècle, Arch. des Vosges, G 246 ; — Livre rouge, f° 38 v°-39 v°. — Anal. : Le Mercier de Morière, *op.· cit.*, n° 112.

1230, 16 juillet, Toul. Acte semblable de Roger, évêque de Toul. Original, Arch. des Vosges, G 246. — Anal. : Le Mercier de Morière, *op. cit.*, n° 114.

1230, 8 juillet, Metz. Acte semblable de Jean, évêque de Metz. Original, Arch. des Vosges, G 248 ; — Livre rouge f° 140 r°-141 r°. — Anal. : Le Mercier de Morière, *op. cit.*, n° 113.

2. 1232, 14 janvier, Toul. Renouvellement par le duc Mathieu II, en présence de Pierre, doyen du chapitre de Toul, de ses promesses envers le chapitre de Saint-Dié. Original perdu. Copie, Arch. des Vosges, G 248 ; — Livre rouge, f° 141. — Anal. : Le Mercier de Morière, *op. cit.*, n° 147.

3. 1240, 1er mai. Donation au chapitre, par le duc Mathieu II des étaux des drapiers aux foires de Saint-Dié. Original autrefois scellé, Arch. des Vosges, G 677 ; — Livre rouge, f° 121. — Anal. ·: Le Mercier de Morière, *op. cit.*, n° 229.

compris dans l'échange que fit le duc avec le comte de Lunéville en 1243 ; celui-ci lui cédait ses châteaux de Lunéville, Gerbéviller, Valfroicourt avec leurs dépendances, contre celui de Spitzemberg, les églises d'Etival, Moyenmoutier et Saint-Dié, et tout ce que le duc possédait entre Stipzemberg, Raon, la Bourgonce et le ban de Bruyères, plus une soulte de 1,500 livres de messins (1). Mathieu avait déjà payé 1,000 livres lorsqu'il songea à racheter en 1246 (2). Il lui en coûta 3,300 livres. Sans doute, pour les acquitter, pensa-t-il à imposer de nouvelles charges au chapitre, car en 1257, au commencement de l'année, il renonce au tonnage des vins qu'il avait imposé contre tout droit, et renouvelle ses promesses de bien remplir ses devoirs d'avoué et de défenseur de l'église (3). En 1249 il reconnaît n'avoir aucun droit sur la succession des enfants de prêtres et de clercs nés à Saint-Dié (4). Mais il ne put terminer son règne sans reve-

---

1. 1243, 1ᵉʳ juillet. Echange entre le duc Mathieu II et Hugues, comte de Lunéville. Original, Arch. de M.-et-Moselle, B 902 n° 1 et Cartul. de Bar, fᵒˢ 284 vᵒ et 285 rᵒ. — Anal. : Le Mercier de Morière, *op. cit.*, n° 265.

1243, 12 juillet. Règlement pour le paiement des 1500 livres. Arch. de M.-et-Moselle, Cartul. de Bar, fᵒˢ 256 vᵒ et 257 rᵒ. — Anal. : Le Mercier de Morière, *op. cit.*, n° 266.

2. 1246, 4 août. Rachat par le duc Mathieu II, à Hugues, comte de la Petite Pierre, du château de Spitzemberg et de ce qu'il possédait dans les églises de Saint-Dié, Moyenmoutier et Etival. Original, Arch. de M.-et-Moselle, B 902 vᵒ ; copie, B 375 fᵒ 201 ; Cartul de Bar, fᵒˢ 244 vᵒ et 245 rᵒ-vᵒ. — Anal. : Le Mercier de Morière, *op. cit.*, n° 296. Cf. également, dans le même catalogue, les nᵒˢ 299 et 304.

3. 1247, 7 janvier. Le duc Mathieu II rappelle l'échange du château de Spitzemberg et de l'avouerie de Saint-Dié ainsi que leur rachat, promet protection et reconnaît n'avoir aucun droit au tonlieu. Arch. des Vosges, G 248 ; — Livre rouge, fᵒ 121 rᵒ, — Anal. : Le Mercier de Morière, *op. cit.*, n° 303.

4. 1249, juillet. Charte de Mathieu, Arch. des Vosges, G 248 ;

nir aux errements habituels et dut, sur le point de mourir, promettre (1) au chapitre 300 livres payables en trois ans pcur réparation « *des fourfais et por les prises qu'il lour ai faites darrienement* ». Mathieu passa ainsi bien souvent de la faute au repentir. Il avait peu de scrupules de ne pas tenir ses promesses et en donnant à son lit de mort à ses héritiers le conseil impérieux de ne pas se prévaloir de ses usurpations, il devait bien se douter que c'étaient là des paroles dignes d'un mourant, mais dont la portée serait nulle, tant les intérêts en jeu étaient opposés et contradictoires. On le vérifla dès les premières années de la régence de Catherine de Limbourg, pendant la minorité de son fils Ferry III. Les trois cents livres promises par Mathieu, n'avaient point été payées, pas plus que les vingt livres données par ce même duc pour son anniversaire. De plus la régente avait ajouté de nouveaux sujets de plainte : elle avait rétabli l'impôt du tonneux, que Mathieu avait dû naguère abandonner ; il frappait essentiellement le transport des vins et c'était une lourde charge. Ses gens avaient enlevé aux hommes du chapitre des bêtes et divers objets pour une somme de 532 livres. Le chapitre porta ses doléances auprès de l'évêque de Toul, Gilon. La duchesse et son fils durent payer assez cher l'accord qui intervint au commencement de l'année 1254 (2) ; le tonneux était aboli définitivement

---

— Livre rouge, f° 40 r°-v°. — Publ. : De Chanteau, *Cabinet historique*, t. XXIII, p. 41-42. — Anal. : Le Mercier de Morière, *op. cit.*, n° 350

1. 1251, février. Aveu, par Mathieu, de ses usurpations. Le Mercier de Morière, *op. cit.*, n° 374.

2. 1255 (n. st.), 26 janvier Charte de la duchesse Catherine. Original, Arch. des Vosges, G 249 (3) ; Vidimus, Bibl. Nat., nouv. acq. lat., 2533, n° 161 (2). — Ch. De Pange, *Catalogue des actes de Ferri III*. Paris. Champion 1904, Introduction (seule parue), p. 65.

pour les chanoines, les clercs et les hommes du chapitre ; il devait être complètement supprimé pour les autres dans un délai de trois ans. Une somme de 852 livres serait affectée à la réparation des dommages nombreux subis du temps de Mathieu ou de la régence, par les hommes du chapitre : elle serait payée en trois années. La duchesse et son fils étaient condamnés aux dépens et devaient s'engager à renoncer à toutes exactions ou tailles et à observer tous les privilèges de l'église de Saint-Dié, sous peine d'excommunication pour eux et d'interdit pour le clergé. Le légat apostolique enregistra ledit accord (1). Quelque temps après (2), on dut régler une autre question : la duchesse avait fait construire un beffroi à Saint-Dié ; il se trouvait sur les terres de l'église et devait servir à la défense des biens et des hommes du chapitre. C'était en réalité un prétexte pour établir un péage. Caherine dut y renoncer ou tout au moins le réduire à un denier pas bête chargée de marchandises et pour un voyage aller et retour ; les piétons, les cavaliers, les charrettes et voitures du chapitre et de ses hommes, chargées de vins ou autres denrées en étaient exempts. Mais il fallut que l'excommunication de l'évêque de Toul apportât son redoutable poids parmi les arguments. La duchesse et Ferry durent faire les plus solennelles promessses de respecter les droits du chapitre et aussi ceux de l'église de Remiremont qui avait fort à se plaindre d'eux (3).

---

1. 1255, 26 janvier. Ratification de l'accord par Pierre Carpaccio, cardinal-légat; Arch. des Vosges, G 249 (10) ; — Copie, Bibl. Nat., nouv. acq. lat. 2533, n° 161 (5). — De Pange, *op. cit.*, *loco citato.*

2. 1255, 28 mars. Accord entre Catherine et le chapitre. Original, Arch. des Vosges, G 249 (16).

3. 1255, 20 avril Charte de Gilon, évêque de Toul, absolvant

En 1267 (1), le chapitre consentit cette fois à accepter
le tonneux : déjà Mathieu II avait songé à fortifier le gros
bourg qui s'élevait au pied des bâtiments canoniaux ;
d'autres préoccupations l'avaient détourné de ce projet.
Nous avons vu que sa femme en avait commencé l'exécution. C'est pour l'achever que le nouvel impôt fut établi
du consentement des deux parties. On en régla minutieu-
sement la perception : l'imposition devait durer pendant
les trois ans nécessaires à la construction des murailles.
Si un délai plus long était nécessaire, un nouvel accord
interviendrait. Le chapitre déléguait deux chanoines, le
duc deux bourgeois de la nouvelle ville pour surveiller
la levée du tonneux. Tout_ cela n'empêchait pas le duc
de poursuivre ses exactions. Nous en avons pour preuve
l'excommunication que le pape Clément IV lança contre
lui en 1262 (2). En 1281 le nouvel impôt subsistait encore ;
on se mit d'accord pour le prolonger jusqu'en 1282 (3).
On le percevait encore en 1284. Et, dit Ruyr, c'est par ce
moyen que « *la ville fut munie de bons fossez, barbacanes
et murailles pour l'an 1284* » (4). Elle devait avoir déjà
pris une certaine importance, car une riche colonie juive
y était établie, avec l'assentiment du duc qui lui avait
concédé un quartier spécial. Mais on ne tarda pas à impu-
ter aux juifs les crimes les plus horribles, dont le prin-

Ferri et Catherine de l'excommunication portée contre eux. Arch.
des Vosges, G 249 (17).

1. 1267, mars. Charte de Ferri III réglant la perception. Copie,
Bibl. Nat., nouv. acq. lat., 2533, n° 161 (7). Cf. « Recueil des droits
et privilèges, [de l'église de Saint-Dié]... ». Arch. des Vosges,
G 232, f° 17 r°.

2. 1268, 29 juillet. Petite bulle de Clément IV, Arch. des Vosges, G 242 (9).

3. 1281, 2 février. Charte de Ferri III. Bibl. Nat., nouv. acq.
lat., 2533, n° 161 (6). Cf. « Recueil des droits... etc. », f° 17 r°.

4. Ruyr, *op. cit.*, livre V, p. 441 et suiv.

cipal était d'accaparer tout le trafic, et ils furent chassés (1).

L'achèvement des murailles n'amena pas la disparition de l'impôt. Le chapitre dut le subir de longs siècles encore. Le prétexte était toujours le même, et quand ce n'était pas pour la construction de nouvelles défenses, les réparations servaient à en justifier l'établissement ou le maintien. En 1315 (2) il n'était pas encore supprimé et on le prolongea de six années ; en 1331, il fut étendu à toute denrée (3) : deux délégués de chaque partie devaient en surveiller la perception et l'emploi ; en 1373 (5) pour six années ; nous le rencontrons en 1444, en 1461 (6). En fait il ne dut guère cesser d'être perçu et le renouvellement devait en être quasi automatique. Lorsqu'il frappait le vin il s'élevait, au XV⁰ siècle, à un franc par tonneau de moins de douze mesures, le surplus payant un gros par mesure. Il n'atteignait pas les vins bus « *en nopces, en accords ou en confrairies* », mais seulement ceux que l'on vendait au détail (7).

Les ducs avaient ainsi trouvé une source de profits presque réguliers : ils ne renonçaient pas pour cela à leurs exactions et pillages. En 1290 (8), l'évêque de Toul dut excommunier à nouveau Ferry III qui avait imposé une taille aux hommes du chapitre et enlevé pour plus de

---

1. Richer, *op. cit.*

2. 1315, Charte de Ferri IV, Analyse dans « Recueil des droits et privilèges... etc. », Arch. des Vosges, G 232, f⁰ 17 r⁰.

3. 1331. Charte d'Isabelle d'Autriche. Id., Ibid. — Sommier, *op. cit.*, p. 176-177,

4. 1346, Charte de Marie de Blois. Recueil des droits et privilèges, f⁰ 17 r⁰.

5. 1373. Charte de Jean I⁰ʳ, Id., Ibid.

6. 7. « Recueil des droits et privilèges... etc », f⁰ 17 r⁰.

8. 1290, 20 novembre. Mandement de Conrad, évêque de Toul, Arch. des Vosges, G 249 (25).

500 livres de biens mobiliers leur appartenant. D'autres constestations s'élevaient : des hommes du duc avaient été tués par ceux du chapitre, le prévôt ducal, insulté par des seigneurs vassaux des chanoines (1). Le duc Thibaud II avait construit un moulin, nommé Boquemoulin, sur le territoire de l'église ; le chapitre en exigea la démolition (1304) (2) : des arbitres furent nommés (1309) ; enfin, e., 1316 (3), le duc Ferry IV, en exécution du testament de son père, rendit au chapitre le moulin et la maison du prévôt. Le chapitre se refusait à tout service à l'égard du duc, et Thibaud II, ayant eu besoin de l'aide de ses hommes pour les charrois de son château de Châtel-sur-Feste, dut donner acte de non-préjudice en bonne et due forme (1310) (4).

Avec le duc Raoul les relations ne s'améliorèrent pas. Dès la régence de sa mère, Ysabelle d'Autriche, le chapitre dut proclamer hautement ses droits et les devoirs du duc avoué : il ne devait avoir sur les terres de l'église d'autre seigneurie « *fors la voiverie dou deffendre la dite églize... sans tailles, sans amendes et sans nulles servitudes* ». Le chapitre lui rappela que si, parmi ses prédécesseurs, il y en avait eu pour imposer aux hommes de Saint-Dié d'injustes exactions, ils y avaient complètement renoncé. Et à côté de cette fière déclaration, les griefs précis et nombreux s'élevaient contre les gens ou vassaux du duc. A Provenchères, ils avaient tout brûlé, sans rien laisser, ni bêtes, ni meubles ; ailleurs, le doyen du chapitre des Trois Villes avait été tué par trahison ;

------

1. Arch. des Vosges, G 249.
2. Id., G 725.
3. 1316, août. Charte de Ferri IV ratifiant le testament de son frère. Arch. des Vosges, G 725.
4. 1310. Acte de non-préjudice, Arch. des Vosges, G 247.

à Anould, à Clefcy, les biens des hommes du chapitre saisis ; leurs bêtes emmenées à Coincourt, Moriviller, Girecourt, Viéville ; les récoltes pillées. Les gens du duc ne craignaient pas de venir se faire héberger, eux, leurs chevaux et leur suite à Saint-Dié. Le duc lui-même ne faisait pas honneur aux engagements de ses prédécesseurs : les quarante livres que Ferry III avait souscrites, les trois cents que son père Mathieu avait promises étaient encore impayées. Le chapitre souffrait même des contestations du duc et des seigneurs. Jean d'Eckerich n'avait pas hésité à envahir les terres du chapitre à main armée, tuant, blessant, pillant pour se venger du duc. Dans le même esprit, le sire de Frankenbourg avait enlevé et emprisonné un homme de Saint-Dié. Tout près de Saint-Dié, à Robache, les chevaliers Albert de Laveline et Thielmann, envoyés par le duc, étaient entrés en armes, pillant et brûlant les meubles et les biens des hommes du chapitre. A Saint-Dié même ils s'étaient emparés d'une tour qu'ils transformèrent en prison ; ils avaient eu l'audace de pénétrer de force dans plusieurs maisons canoniales. Enfin, le duc avait méconnu ses devoirs d'avoué en laissant, malgré les plaintes du chapitre, les religieux d'Etival établir des forges dans les bois dont l'usage appartenait à Saint-Dié. Telles étaient les réclamations que le chapitre présentait au duc Raoul en l'an 1335 (1). Accord intervint en 1340 (2) ; des arbitres furent nommés de part et d'autre. Le 27 juin de la même année, le chapitre dressa une nouvelle et longue liste de ses

---

1. 1335, 18 mars. Plaintes du chapitre au duc Raoul, Arch. des Vosges, G 250 (3).

1340, 2 février. Charte de Raoul réglant l'accord avec Alard, doyen du chapitre. Arch. des Vosges, G 250 (6).

griefs (1) : une atteinte plus grave avait été portée à ses
privilèges. Le duc avait fait faire un sceau à son nom, et
en plein marché, publier défense à tous d'user d'aucun
autre sceau, pas plus dans la ville que dans le Val de
Saint-Dié. Il avait même chargé un prêtre et deux laïcs
de la garde et de l'usage du sceau. Conscient de ses droits
antiques qui lui donnaient la connaissance de toutes
affaires réelles et personnelles, dans la ville et dans tout
le Val, le chapitre avait excommunié les trois gardes du
sceau. Le duc en fut fort courroucé et envoya des hommes
d' guerre molester les hommes de Saint-Dié. Ils pillèrent
à Pierrepont et au Villers et emportèrent le butin au
château de Raon. Le chapitre excommunia les soudards
et leurs complices. Nouveaux pillages. Cette fois le duc
fut excommunié avec ses complices, leurs femmes et leur
famille. Le duc résistait encore : peu après il faisait envahir trois maisons canoniales par son prévôt et une mul-
titude armée, qui les mirent à sac, brisant les murs et les
toits et emportant tout ce qu'elles contenaient. Son res-
sentiment s'exerçait en même temps contre les curés de
la ville et du Val qui avaient publié la sentence : il faisait
saisir et séquestrer tous leurs biens. La chapitre réitéra
l'excommunication en l'aggravant encore. Le duc ne céda
pas. On négocia pourtant en août 1341 (2) : le chapitre

---

1. 1340, 27 juin. Excommunication (vidimus) solennelle de
Raoul par le grand prévôt Philippe de Bayon ; exposé des griefs,
Arch. des Vosges, G 261 (23).

1341, 12 mars. Mandement du grand prévôt pour le même objet,
Id. G 261 (25). — Anal. : Levallois, *Catalogue des actes de Raoul*,
thèse manuscrite. Bibl. de Nancy, mss. 1185 ¹ et ², n° 236.

2. 1341, 4 août. Accord, Arch. des Vosges, G 250 (12) ; vidimus et copies dans la même liasse ; Bibl. Nat., coll. de Lorraine,
n° 391, p. 7. — Anal. : Levallois, *op. cit.*, n° 253 — Cf. André
Philippe, *Inventaire des sceaux des Archives départementales des
Vosges, série G*, Epinal, 1919. Introduction, p. 4 et 5.

garda l'usage de son sceau et le duc s'engagea à payer une somme de douze cents francs.

Il était de coutume que les ducs, après leur avènement, vinssent à Saint-Dié jurer de défendre et de respecter les privilèges et les biens du chapitre ; le procès-verbal de cette cérémonie au temps de Jean Ier nous a été conservé (1). Le 26 février 1362 le duc était à Saint-Dié. Là, devant le grand autel, en présence du doyen Thierri de Badonviller, du chantre Burnequin de Parroy, de Jean de Parroy l'écolâtre, et de nombreux chanoines, Jean Ier à l'heure de vêpres prêta, entre les mains du doyen, le serment de protéger les hommes et les biens du chapitre et de maintenir intacts ses privilèges : « *Nous, duc de* « *Lorraine et marchis, recognoissons que nous summes* « *franz woe et gardien de l'englize de Sainct Diey ai* « *cause de nostre duchié. Item prometons et jurons que* « *les chartres et privilèges de l'englize de Sainct Diey* « *tant de pape come d'empereuz et les franchises et* « *libertés d'icelle nous garderons et maintanrons à notre* « *loyal pooir. Item que tous les tratiers, accors, appoin-* « *temens, déclarations et recognoisances fais par nos* « *predecessours ducz et duchessez avec les prevotz, doyen* « *et chapitre de ladicte englise ou nom de leur englize* « *et de leur homes et de toute leur terre nous tanrons et* « *ferons tenir par nous officiers sans contrevenir sélonc* « *le contenu des lettres sur ce faitez sans mal engin. Item* « *que ladicte englize en chief et en menbres, les personnes* « *d'icelle, toute la terre, homez et subgez quelcunque part* « *qu'ilz soient en nostre duchié nous garderons et def-* « *fenderons de toutes forcez et violance come loyaul gar-* « *dien, ne ne soufferons ai euz estre fait tort ne injures*

---

1. 1362, 26 février. Serment du duc Jean Ier. Arch. des Vosges, G 250 (22).

« *nos officiers ne aultres à notre pooir sen mal engin et*
« *ainsi le jurons nous sur les evangilez de Notre Signour*
« *et sur nostre honnour* ». Ce furent ces mêmes paroles
solennelles que le duc René II, au retour de la bataille de
Morat, après la défaite de Charles le Téméraire, genoux
ployés devant les reliques de saint Dié, prononça en
1476 (1).

A partir du XV⁰ siècle, les ducs prirent *coutume de*
confirmer les privilèges du chapitre en entrant en.posses-
sion du duché. René I⁰ʳ, en 1431 (2) donna l'exemple. Il
rappelait les privilèges des empereurs, rois des Romains
et papes, ceux de ses prédécesseurs et la garde que les
empereurs avaient confiée aux ducs, et promettait sa
protection aux membres, personnes et suppôts de l'église
de Saint-Dié. Après René I⁰ʳ, Jean II (1464) (3), Nicolas (1471) (4), René II (1473) (5), répétèrent les mêmes
paroles. Il y avait là quelque chose de protocolaire et de
traditionnel. Mais les vexations, depuis le milieu du qua-
torzième siècle étaient *terminées,* les relations du chapitre
et des ducs plus pacifiques. Le duc avait souvent besoin
d'argent, le chapitre lui en donnait, sans manquer toutefois d'exiger une lettre de non-préjudice. Jean I⁰ʳ reçut
ainsi, en 1363, 400 florins pour l'aider à payer la rançon

---

1. 1476, 21 juillet. Serment du duc René II, Arch. des Vosges,
G 251 (20).

2. 1431, 22 février. Lettres patentes de René I, *filz du roy de
Jherusalem et de Sicille, duc de Bar et de Lorraine et marchis,
marquis* (sic) *de Pont et comte de Guyse* ; il rappelle les privilèges octroyés par les papes. les empereurs et les ducs Simon,
Mathieu, Ferri et par son grand-père Jean, promet de les observer fidèlement et de tenir sous sa protection l'église, les chanoines
et tous les membres du chapitre. Arch. des Vosges, G 251 (4).

3. 1464, 15 octobre. Arch. des Vosges, G 251 (7).

4. 1471, 14 septembre. Id., G 251 (6).

5. 1473, 17 octobre. Id., G 251 (10).

des Bretons dont les bandes ravageaient le pays ; en 1370, 160 florins en donnant en gage tous ses droits sur les hommes de Nonzeville, Pierrepont, Destord et villes voisines ; en 1380, 300 florins pour les joyaux de sa fille Isabelle ; en 1389, autres 150 florins. Charles II obtint de même, en 1392, 300 florins (1).

Les temps héroïques sont passés : le chapitre n'aura plus à user des armes spirituelles, et les ducs, ayant trouvé d'autres sources de revenus, laisseront les chanoines jouir en paix de leurs prébendes. Il y aura bien encore des conflits de juridiction, mais ils demeureront sur le terrain juridique. Les luttes, bien apaisées, ont changé totalement de caractère. Les ducs resteront les avoués du chapitre et rappelleront l'investiture qu'ils ont reçue des empereurs, de même qu'après ceux-ci les rois des Romains confirmèrent régulièrement les privilèges du chapitre (2). Mais tout ceci est de pure forme, l'avoué ne trouvera plus à jouer ni son rôle de protecteur, ni celui plus habituel de dangereux et avide contempteur des droits du chapitre. Dans le cas qui nous occupe, l'avouerie aura représenté, et ce sera là notre conclusion, une institution à peu près inutile. Au début elle n'avait servi qu'à amoindrir, au profit d'un seigneur séculier, le temporel de l'abbaye ; plus tard ses titulaires n'eurent d'autre occupation que d'en troubler la jouissance. Mais de même que les empereurs germaniques voulaient continuer la tradition des Carolingiens, celle d'éminents protecteurs des églises, de même les avoués représentaient une autre

---

1. Arch. des Vosges, G 250.

2. Diplômes de Philippe de Souabe (1200, 28 février, Strasbourg), de Rodolphe de Habsbourg (1281, octobre), d'Henri VII (1310, juin), de Charles IV (1354), de Sigismond (1419, 4 janvier). Arch. des Vosges, G 247.

tradition, désuète et sans raison d'existence, mais qui subsistait par seul intérêt qu'une seule des parties avait à en jouir.

2° *Le Chapitre et les Seigneurs*

Il serait fastidieux de suivre dans tous leurs détails les relations du chapitre avec les seigneurs laïcs : nous aurons l'occasion de les étudier, quand il s'agira de donations, dans une autre partie de ce travail. Qu'il nous suffise d'indiquer ici quelques traits généraux.

Au XII° siècle on sent un élan de ferveur en faveur des églises : on songe au salut de son âme beaucoup plus qu'à une autre époque : les seigneurs dotent l'église de Saint-Dié en s'inspirant de ces idées élevées : c'est en 1173 Gérard de Vaudémont (1) ; en 1176 Erard de Marsal (2) ; en 1181 les héritiers du même Erard (3) ; à une époque moins facile à préciser une noble dame Hernsende (4). Mais ce beau mouvement ne doit pas durer.

Dès le XII° siècle aussi, le chapitre, comme tous les établissements religieux en général, détenteur d'une richesse sans emploi, est amené à obliger les seigneurs féodaux. Nous avons une de ces opérations, que la croisade suscita de toutes parts. Le croisé était un de ces seigneurs de Parroy qui eurent tant de membres de leur famille parmi les chanoines. Il engage pour douze livres

______

1. 1173. Donation par Gérard de Vaudémont, de sa terre d'Ortoncourt, Arch. des Vosges, G 634.

2. 1176, 26 décembre. Donation par Erard de Marsal de salines et d'un bois à Rehaincourt. Id., G 246 (1).

3. 1181. Donation d'autres salines, Id., G 657.

4. Cf. *Les Bulles des papes* Pascal II° (1109) et Innocent II (1131). Id. G 241.

ui, fief de trente sous (1). Plus tard une descendante de cette famille, Marguerite, après avoir vendu une rente au chapitre, est obligée de lui vendre à son tour la terre grevée (1291) (2). Jean fils Simonin de Destord, écuyer, pour son grand besoin d'argent, vend un franc-alleu (3). Henri, comte de Vaudémont, poussé par la même nécessité, reçoit, en 1364, 300 florins (4). Quelquefois le chapitre profite de ces embarras financiers pour racheter des redevances dues par lui. C'est ainsi que, en 1431, le chapitre acquit la renonciation de Jean Moine, de Châtel, écuyer, aux droits en nature qu'il percevait annuellement (5).

Mais, comme les ducs, les seigneurs sont de terribles voisins pour les possessions du chapitre. Comme eux, mais dans des limites plus restreintes, certains d'entre eux exercent des droits d'avoués : ce sont des sous-avoués. Leur création a dû être contemporaine de celle des avoués, et ils représentaient à l'origine le dernier intermédiaire du pouvoir impérial auprès des églises. Nous trouvons mention de ces personnages dans le diplôme de Henri IV (1092) (6) : Oduin (de Spitzemberg), était à cette époque avoué de Saint-Dié, après le duc. L'accord fait avec le duc Simon, pour la délimitation du ban, note parmi les destinataires du diplôme un Simon avoué (7).

---

1. 1147, Simon de Parroy donne en gage, pour douze ans, moyennant douze livres, un fief de trente sous de déodatiens, Arch. des Vosges, G 254 (2).

2. 1291, 15 avril, Arch. des Vosges, G addition (non inventorié).

3. 1382. Arch. des Vosges, G 525.

4. 1364. Id., G 619.

5. Arch. des Vosges, G 619.

6. 1092, 12 août. Diplôme de l'empereur Henri IV en faveur du chapitre de Saint-Dié. *Documents rares... de l'histoire des Vosges*, t. II, p. 154-156.

7. s. d. Accord entre Simon I et le chapitre. Bibl. de Nancy, charte n° 3.

Les ducs, de par délégation impériale, devaient confier à leurs vassaux l'avouerie de telle ou telle possession ecclésiastique : ils se déchargeaient sur eux des devoirs bien mal remplis de l'avouerie et leur en abandonnaient une partie des profits. C'est pour cette raison que nous voyons en 1231 (1), Henri de Marsal lever deux deniers par feu à Coincourt au titre de l'avouerie. Il avait de plus droit de gîte racheté par une redevance de 7 sous. Sa juridiction se réservait les cas de vol, effusion de sang, borne brisée, destruction de la voie publique et rapt ; il percevait le tiers des profits de la justice au titre d'avoué, le reste allait au chapitre. Le sire d'Eckerich, Jean, assuma en 1338 (2), la garde des hommes et des biens du chapitre tant en Lorraine qu'en Alsace ; il devait recevoir, pour sa peine, 20 livres de strasbourgeois chaque année, pour lesquelles on lui donne la terre de la Grande-Fosse. Le chapitre, en agissant ainsi, achetait plutôt la neutralité de ce redoutable personnage que sa protection efficace. Quelques années auparavant, il n'avait pas craint d'arrêter et de détenir trois chanoines (3).

Pour se défendre contre les invasions toujours possibles et particulièrement fréquentes au XV° siècle, les hommes du chapitre se mettaient en la garde de puissants seigneurs. Ils n'en recueillaient pas toujours de bons effets. C'est ainsi que les gens de Moyemont, au moment des querelles entre le marquis de Bade, bailli de Vosges, et plusieurs seigneurs, avaient pris pour gardiens Messire Jacques de Hassonville et après sa mort Thibaud

---

1. Arch. des Vosges, G 516.

2. 1338, juin. Jean, seigneur d'Eckerich, reçoit la garde des hommes et des biens du chapitre. Arch. des Vosges, G 566.

3. 1331-1332. Négociations pour la rançon des trois chanoines. Id. G 254 (7).

d.: Neufchâtel, maréchal de Bourgogne. Celui-ci fit brûler
la ville et l'église de Moyemont. Le duc défendit aux habitants de payer la garde, mais, quand Charles le Téméraire
eut envahi le duché. Thibaud de Neufchâtel leur imposa
à nouveau la garde et leur fit subir de nombreuses vexations (1).

Les seigneurs n'imitaient pas seulement les mauvais
exemples des ducs en méconnaissant leurs devoirs
d'avoués ; ils n'épargnaient aux terres et hommes du
chapitre ni les pillages ni les mauvais traitements. C'est
en 1332 (2), Burchard, seigneur de Horbourg, qui dut donner, en raison des dommages faits au chapitre à Hunawihr, deux charretées de vin chaque année ; c'est surtout
le sire de Blâmont qui, en 1380 (3), fit enlever aux hommes
de Moyemont, de Pierrepont, Nonzeville, Destord, de nombreuses bêtes et d'importantes récoltes ; en 1381 ses gens
détruisent l'église de Destord et recommencent leurs
pillages à Pierrepont et à Nonzeville. Le même seigneur
de Blâmont, voulant imposer sa garde aux gens de Coincourt, se fait héberger par eux, pendant deux jours, lui et
ses hommes avec trois cents chevaux (4). C'est en 1383 (5),
Jean de Nomeny qui inflige de grands dommages aux
habitants de Moyemont, puis se repent et devient
l'homme lige du chapitre après lui avoir payé 200 francs
d'or. C'est enfin en 1409, Colard sire de Romont (6) qui ne

---

1. 1468-1470. Supplique adressée à Jean duc de Lorraine, expo-
sitive des faits. Plaintes du chapitre. Arch. des Vosges, G 619-620.
Cf. Duvernoy. *Lettre de Nicolas d'Anjou au chapitre de Saint-Dié*
dans *Bull. mensuel de la Soc. d'Archéol. lorraine 1910*, p. 62-65.
2. Arch. des Vosges, G 817.
3. Id., G 619.
4. Id., G. 800.
5. 1383. 20 juillet. Arch. des Vosges. G addition (non inventorié).
6. 1409, 2 avril. Lettre du chapitre au curé de Moyemont pour
l'excommunication dudit Colard. Arch. des Vosges, G 619.

craint pas de dévaliser un convoi de farine conduit par le maire de Moyemont, d'emprisonner les hommes et de prendre les chevaux.

On voit par ces détails, qu'on pourrait multiplier presque à l'infini, que les contestations étaient incessantes entre le chapitre et les seigneurs laïcs. Quand les hommes ne subissaient pas le contre-coup des guerres trop fréquentes, ils étaient eux-mêmes directement en butte aux convoitises des puissants. Le chapitre, sans doute, en éprouvait quelque dommage, mais il savait toujours obtenir réparation. Quant à ses hommes, s'ils supportaient les pillages, on ne les voit jamais participer aux restitutions ni aux indemnités.

CHAPITRE III

Le Chapitre et les Autorités spirituelles.

1° *Relations avec le Saint-Siège*

Nous ne savons rien des relations de l'église de Saint-Dié avec la papauté avant le XI° siècle. La fondation du monastère dut être sans doute confirmée par les papes, et ses privilèges reconnus. Mais les bulles qui en faisaient foi ont disparu dans les incendies que nous avons relatés plus haut (1). C'était du moins l'opinion des historiens di chapitre. Mais c'était aussi la croyance généralement répandue dès le XII° siècle. Sommier nous apprend (2) cependant que c'est Grégoire V, saxon d'origine, qui régla vers 996 l'état de l'église en y établissant un prévôt, des dignitaires et des chanoines. En tout cas, il n'aurait pu que sanctionner un état de chose existant, puisque nous avons vu que le monastère avait reçu des chanoines avant 975 (3). Ruyr nous affirme d'autre part que le monastère était exempt de la juridiction de l'ordinaire et ne dépendait que du siège apostolique (4). Il ne pouvait en être ainsi à l'origine. Mais, s'il faut ajouter foi aux diplômes des empereurs Otton II et Otton III (5), l'évêque de Toul avait acquis le monastère dès le règne du roi Pépin, et

---

1. Voyez l'Introduction.
2. Sommier, *op. cit.*, p. 43.
3. Voyez ci-dessus, p. 28.
4. Ruyr, *op. cit.*, p. 99 et suiv.
5. 975 et 984. Voy. ci-dessus, p. 27 et suiv.

devait y exercer sa juridiction, au moins quand le pouvoir séculier n'usurpait pas ses droits.

Il nous faut arriver au pontificat de Léon IX pour avoir sur le rôle du pape dans les affaires du chapitre des documents de quelque valeur, encore que l'authenticité n'en soit pas toujours prouvée. Léon IX était issu de la noble famille alsacienne des comtes d'Egisheim. Il était né à Dachsbourg (1). Une tradition que Ruyr, De Riguet et Sommier, et même après eux la bulle d'érection de l'évêché de Saint-Dié (1777) (2) ont acceptée, veut qu'il ait été prévôt de l'église de Saint-Dié. La seule preuve que nous en ayons est une mention de cartulaire, mais comme elle ne peut être antérieure au XIV* siècle, sa valeur est bien minime (3). En 1027, il était devenu évêque de Toul, et c'est peut-être son rôle comme tel dans la possession du chapitre qui a donné cours à cette tradition. Il assistait comme évêque, en 1048, au synode de Worms, où parmi tant de graves questions furent réglés les droits des ducs comme avoués, et la succession du pape Damase II. L'empereur Henri III, cousin de Brunon de Dachsbourg, l'offrit à celui-ci qui était, d'ailleurs, tout à fait digne de la recevoir. Il partit pour Rome où il se fit élire par le clergé et le peuple dans les premiers jours de 1049, puis revint en Allemagne. Il se trouvait en 1049 au concile de Mayence : c'est au retour qu'il donna au chapitre une bulle mentionnant des privilèges de première importance. Dom Calmet (4) a voulu contester la date de ce document et celle

------

1. *Vita sancti Leonis IX pape, Leucorum antea episcopi*, Paris, 1615, petit in-8° ; AA. SS. t. II aprilis. — Duhamel, *Le pape Léon IX et les monastères de Lorraine*, dans *Annales de la Soc. d'Emulation des Vosges*, t. XIII, 1869, 2° cahier.

2. 1777, 21 juillet. Bulle de Pie VI, Arch. des Vosges, G 694.

3. Livre rouge, f° 17 v° ; bulle de 1049 « Privilegium domini Leonis pape prepositi quondam ecclesie nostre. »

4. D. Calmet, *Hist. de Lorraine*, 2° édition, p. 422.

du séjour de Léon IX à Saint-Dié fixé au 16 novembre.
Il a vu l'impossibilité pour le pape d'être au concile en
novembre et à Saint-Dié quelques jours après. Mais la
date du concile n'est pas certaine. D'autre part, le
23 novembre, le pape, retournant en Italie, célébrait la
Saint Clément à Reichenau (1) et le 25 décembre il était
déjà à Vérone (2). L'objection n'est donc pas très solide.
L'ensemble du document nous paraît parfaitement
authentique. L'écriture minuscule française avec de
grandes hastes et des *e* cédillés, ne peut nous étonner : le
pape alsacien ayant composé sa chancellerie de clercs de
son pays (3). La bulle est du type nouveau inauguré par
Léon IX : à l'avers le nom du pape en légende circulaire,
avec les lettres séparées par de petites fleurs à trois
pétales, et au centre une rose de huit pétales ; au revers,
en légende circulaire et avec la même disposition,
ΡΑΡΑЄ (4). La suscription est en capitales, la pièce est
adressée fictivement à saint Dié et à ses serviteurs dans
le val de Galilée. Le salut n'est pas toutefois de la forme
courante : *In perpetuum* a été remplacé par *perpetuam
in Domino salutem.* Les autres éléments, *rota* à gauche,
benevalete en monogramme avec *komma* à droite, la date

---

1. Jaffé, *Regesta pontificum romanorum*, n° 510.
2. Mas Latrie, *Trésor de chronologie*, col. 1074.
3. 1049, 16 novembre, Saint-Dié. Le pape Léon IX, au retour
du synode de Mayence, rappelant les termes du diplôme de l'archevêque de Trèves Numérien, règle la jouissance des donations,
l'élection du prévôt, le choix de l'évêque pour bénir les autels ou
dispenser les ordres et les conditions de sa venue. Original scellé,
Arch. des Vosges, G 241 (1) ; Vidimus de 1319 et copies, même
liasse ; — Livre rouge, f° 17 v°, 18 r°-v°. — Publ. : Martène,
Thesaurus novus anecdotorum, t. I, p. 168 ; [Brouilly], *op. cit.*,
p. 62 ; Duhamel, *op. cit.*, p. 273-283. — Anal. : Jaffé, *Regesta*,
t. I, n° 4197.
4. André Philippe, *op. cit.*, n° 248.

avec le quantième romain, la mention du bibliothécaire-chancelier, l'année du pontificat, l'indiction et l'année de l'Incarnation sont parfaitement de style (1). Nous pouvons donc ajouter pleine foi à ce document. Il est très nécessaire d'avoir une confiance absolue dans son authenticité, car l'importance des privilèges qu'il mentionne pourrait le rendre suspect. Léon IX, venu à Soint-Dié au retour de Mayence, a profité de la vacance du siège épiscopal de Toul, qu'il vient d'abandonner pour la chaire de saint Pierre, sans qu'on lui ait donné de successeur après une année, pour témoigner sa sollicitude aux serviteurs de saint Dié. Les chanoines auront en commun les cens, les offrandes venues des princes ou des particuliers, les livres sacrés, les ornements et les trésors de l'église et tout ce qu'ils pourront ajouter à ces richesses par leur propre labeur. Leur prélat, le prévôt, sera élu par eux à l'unanimité, et il pourra appeler pour bénir les autels et dispenser les ordres n'importe quel évêque. Celui-ci ne devra pénétrer dans l'enceinte de l'église sans y avoir été invité, ni tenter de rien distraire du temporel. Son ministère rempli, il se retirera sans rien réclamer, en dehors de la nourriture qui lui aura été offerte. Le pape règle ensuite les questions de discipline intérieure : er cas de dissensions entre le doyen, qu'il ne désigne pas d'ailleurs autrement que par le mot « de pasteur », et le chapitre, et si le prévôt (prelatus), qui est comme leur propre évêque, ne peut apaiser la discorde, il pourra en appeler aux autres prélats vivant sous la même règle pour faire cesser le scandale. Léon IX termine en confir-

---

1. « Dat [um] XVI kal. decembris per manum Petri Diaconi Bibliothecarii et cancellarii sancte apostolice esdis anno domini Leonis noni pape 1, indictione III, millesimo XLVIII. »

mant tous les biens meubles et immeubles du chapitre et proférant les menaces apostoliques contre quiconque leur porterait atteinte. L'ensemble de ce texte représente les termes du diplôme de Numérien (1), remanié dans quelques détails et assez maladroitement. Les mots sont les mêmes, l'ordre est semblable, on a seulement précisé les différentes richesses que pourra acquérir l'église. Le chapitre de la discipline est conçu dans le même esprit : on a dû remplacer les mots d'*abbé* et de *moines* par *prélat* ou *prévôt* et *chanoines*. La transformation n'a pas été très adroite, et si de l'ensemble ressort clairement le droit de choisir l'évêque dans certains cas indispensables, le détail est un peu confus et trahit un remaniement malhabile. Nous avons dû nous inspirer de l'organisation du chapitre que nous étudierons plus loin, pour faire la distinction entre le « proprius pastor » qui représente le doyen, et le prévôt, qui a les attributions d'un évêque vis-à-vis des chanoines : les statuts postérieurs autorisent parfaitement cette nuance que le texte de la bulle ne fait pas assez ressortir. L'abbé Martin (2) ne croit pas à l'authenticité de ce document, qui consacre implicitement l'immédiateté du chapitre de Saint-Dié ; il ne nous dit pas ses raisons diplomatiques. Par contre il juge plus digne de foi la seconde bulle de Léon IX, datée du 8 des calendes de février 1051 (3). Et pourtant tout dans la forme, style et éléments chronologiques, doit nous

---

1. Voy. ci-dessus, p. 5 et suiv.

2. Martin, *Histoire des diocèses de Toul, de Nancy et de Saint-Dié*, Nancy, 1900-1903, t. 1, p. 205.

3. 1051, 20 janvier, Rome. Bulle (fausse) du pape Léon IX affirmant la liberté de la prébende des chanoines, les droits de juridiction du chapitre et réglant les devoirs de l'avoué. Original, autrefois scellé (?), Arch. des Vosges, G 241 (2) ; copie de 1103, même liasse ; — Livre rouge, f° 10 v°-12 r°. — Publ. :

rendre circonspects. La bulle a disparu, si elle a jamais
existé. L'écriture ne peut nous fournir aucun argument,
c'est une minuscule caroline parmi laquelle on remarque
l'*a* en forme d'*oméga* de l'écriture curiale, tandis que cette
graphie était inconnue dans la bulle de 1049. La *rota* est
de forme très petite, de même que le *bene valete* ; par
contre le *komma* a plus d'importance. La date (1) frappe
par la disposition de ses éléments ; l'année de l'Incarnation vient en tête : première anomalie. On a mentionné
le lieu, ce qui n'apparaîtra que sous Victor II. Or la ville
indiquée est Rome où le pape ne pouvait se trouver le
2⁵ janvier, étant encore à Trêves le 21. Le 2 février il
séjournait encore à Augsbourg pour rentrer à Rome seulement aux approches du 25 mars (2). Un argument plus
décisif encore contre l'authenticité de ce document réside
dans la souscription du chancelier Pierre Diacre qui était
mort à Langres en octobre 1050. Dès cette époque, et jusqu'au milieu de janvier 1051, ce fut Udon, primicier de Toul,
qui souscrivit les bulles, et en mars 1051 nous voyons un
diacre, Frédéric, remplacer dans ses fonctions de chancelier Hermann, archevêque de Cologne (3). Si cette dernière preuve n'était pas convaincante, nous en trouve-
rions encore une dans les faits mentionnés par le texte
même de la bulle. Elle est adressée à Udon, évêque de

[Brouilly], *op. cit.*, pr. p. 122 ; D. Calmet, *Hist. de Lorr*, 2ᵉ éd.,
p. 272-283. — Anal. : Jaffé, *Regesta*, t. I, n° 4252.

1. « Anno dominice incarnationis M L I. Datum Rome VIII
kal. februarii per manus Petri Diaconi cancellarii et bibliothecarii sancte apostolice sedis. Anno domini Leonis VIIII, pape III.»

2. Jaffé, *Regesta*, p. 540 ; Pfister, *La légende de saint Dié et
de saint Hidulphe, Annales de l'Est*, t. III, 1889, p. 553.

3. Jaffé, *op. cit.*, p. 529, d'après la *Chronique de Saint-Pierre
le Vif de Sens* dans d'Achery, *Spicilegium*, t. II, p. 424 ; — *Mon.
Germ. SS.* t. XXVI, p. 32.

Toul, qui ne le devint que le 15 des calendes de mai
(17 avril) 1052, et qui signait encore au commencement
de l'année 1051 les bulles comme simple primicier de
Toul, chancelier et bibliothécaire apostolique (1). Plus
loin le pape parle de son frère Valdrade, prévôt de Saint-
Dié, en rappelant que celui-ci est venu implorer l'évêque
de Toul, alors Brunon pour faire respecter les droits
du chapitre. Cette qualification de frère est inadmis-
sible de pape à évêque, et s'expliquera facilement si nous
rapportons notre document à une époque antérieure à
1049, antérieure à l'élection de Léon IX. Et nous expli-
querons la composition de notre document de la façon
suivante : en 1048, à l'assemblée impériale de Mayence,
Valdrade, prévôt de Saint-Dié, est venu porter ses plaintes
sur la situation du chapitre et les droits de l'avoué (2).
Un jugement de l'empereur Henri III fut rendu confirmant les décisions que l'évêque de Toul, Brunon, avait
prises avant lui. Cette pièce représente la partie de notre
bulle depuis « *Dum adhuc enim in ipsa curia essemus...* »
jusqu'à « *Tibi ergo Udo fili carissime...* » D'autre part,
dans le même jugement impérial, on traitait de questions
intéressant les possessions de l'église de Toul. On a
ajouté à ces deux parties si distinctes du jugement de
l'empereur, un préambule, des menaces et une date, et
obtenu ainsi la fausse bulle de 1051. Les éléments
historiques en sont parfaitement authentiques et le faussaire a cru bon d'en renforcer la valeur en mettant sous
l'autorité du pape Léon IX la solution d'une affaire due à
l'évêque de Toul Brunon. Et c'est pourquoi nous n'avons
pas hésité, dans le premier chapitre de cette partie de

1. Jaffé, *Id.*, Ibid., et Dom Calmet, *Hist. de Lorraine*, 2ᵉ éd.,
t. II, p. 280 et preuves, col. CCCIV et CCCV.
2. D. Calmet, *op. cit.*, t. II, p. 169.

notre travail, à tirer profit de la bulle de 1051, dont la valeur historique, nous avons cru le démontrer, n'est pas négligeable (1).

Il faut reconnaître, pourtant, qu'il y a quelque contradiction entre les données du document de 1051 et celles de la bulle de 1049. L'une affirme l'immédiateté de l'église de Saint-Dié, l'autre sa dépendance à l'égard des évêques de Toul. Les droits du prélat de Toul sont bien conformes aux faits antérieurs, mais le pape Léon IX a bien pu, tant que l'évêché de Toul était vacant, soustraire à sa juridiction le chapitre qui avait pu lui exhiber le prétendu diplôme de Numérien relatant sa pleine indépendance. D'ailleurs, tandis que la bulle de 1051 demeura ignorée par la suite, celle de 1049 fut admise et confirmée par les successeurs de Léon IX. Dès 1092 (2), l'antipape Clément III octroyait au chapitre à la prière d'Anastase, cardinal et chanoine de Saint-Dié, une bulle où il mentionnait, entre autres privilèges, celui de Léon IX. Il nous apprend en même temps que les titres du chapitre avaient disparu à la suite de l'incendie de l'église, sans doute celui de 1065 dont parle Ruyr (3). Puis de même que le diplôme d'Henri IV de la même année, il confirme les possessions de Lorraine et d'Alsace et la restitution de personnes faisant partie de la *familia* du chapitre, sur lesquels il ne nous apprend aucun autre détail, si ce n'est que cette restitution a été faite par ordre de l'empereur sur la médiation de l'évêque de Lausanne, son chan-

---

1. Voy. ci-dessus, p. 32 et suiv.

2. 1092, 9 août. Bulle de l'antipape Clément III, rappelant les incendies qui ont détruit les chartes de l'église de Saint-Dié et confirmant ses possessions en Lorraine et en Alsace. Original scellé, Arch. des Vosges, G 241 (3) ; — Livre rouge, fol. 13 v°-14 r°. — André Philippe, *op. cit.*, n° 249.

3. Ruyr, *op. cit.*, p. 253. — Voy. l'Introduction, p. X et suiv.

celier, et avec l'assentiment de l'évêque de Toul, Pibon, et du duc Thierry, défenseur et avoué. Ce que l'antipape Clément III avait fait, Pascal II le répéta à son tour en 1109 (1). Mais tandis que le privilège du premier était adressé aux chanoines, sans mention du prévôt, celui de 1109 l'est en même temps au prévôt Rambaud : ses termes se rapprochent davantage de la bulle de Léon IX (1049). Il traite des possessions dues aux concessions des rois ou des papes, des princes ou des fidèles, et des offrandes dont les chanoines devront jouir en commun ; de l'élection du prévôt et du choix de l'évêque pour bénir les autels ou dispenser les ordres ; enfin de la discipline intérieure. C'est le même ordre et presque la lettre de la bulle de Léon IX. Il faut cependant noter quelques différences : nul ne devra être élu prévôt par ruse, intrigue ou violence ; l'élection n'exigera plus l'unanimité, mais seulement les suffrages de la « *pars sanior* » du chapitre ; en cas de besoin, pour rétablir la discipline, le prévôt avec le conseil de cette même « *pars sanior* » des chanoines, sera juge du choix des personnages capables de régler les difficultés. En un mot, on a fait une adaptation plus conforme à la réalité des dispositions du prétendu diplôme de Numérien, déjà utilisées dans la bulle de 1049. On voit par là toute l'importance de ce prototype.

Parmi les nombreuses bulles que reçut le chapitre du XIIe au XVIe siècle, on peut facilement en discerner trois grandes catégories, suivant l'objet auquel elles sont

---

1. 1109, 10 avril. Bulle de Pascal II confirmant les privilèges et possessions du chapitre. Original scellé, Arch. des Vosges, G 241 (17) ; — Livre rouge, f° 20 r°-v°. — Publ. : [Brouilly], *op. cit.*, preuve, p. 5 ; Sommier, *op. cit.*, p. 362 ; Migne, *Patrologie latine*, t. CLXIII, p. 256. — Anal. : Jaffé, *Regesta*, t. I, n° 6232. — André Philippe, *op. cit.*, n° 250

affectées, et ainsi nous mettrons en lumière les trois aspects principaux des relations de la papauté et du chapitre. On ne rencontre plus guère de privilèges aussi généraux que les premiers que nous avons étudiés, où il est traité des possessions, de la discipline, de l'immunité, de tout à la fois. La papauté intervient maintenant dans trois occasions essentielles : elle confirme les accroissements du temporel ; elle apporte son appui au chapitre dans ses luttes entre les seigneurs laïcs, pour la défense de ses droits ; enfin, par elle ou ses légats, elle règle divers points de discipline et d'organisation. Les relations fiscales méritent une place à part en dehors de cette classification.

Une série de bulles dues aux papes Calixte II (1123) (1), Honorius II (1126) (2), Innocent II (1131) (3), Alexandre III (1178) (4), rappellent les unes après les autres les termes des précédentes, mentionnant les nouvelles acquisitions : l'église de Saint-Remimont, don de l'évêque de Toul, celle d'Ingersheim, la chapelle de Mittelwihr (1123), un alleu Moriviller (1131), un autre à Moyemont (1131), la création de l'autel Sainte-Croix et l'acquisition de maisons canoniales (1131), le patronage de la chapelle d'Hunawihr et les dîmes d'Ingersheim (1178). Le privilège de 1178 a une importance particulière à cause de l'universalité des sujets qu'il traite, il est un peu exceptionnel à côté de ceux qui l'ont précédé. Il renferme : 1° une confirmation générale des biens présents et futurs ; 2° la confirmation des acquisitions mentionnées dans les bulles antérieures ; 3° la mention des renonciations par le duc Simon à ses exactions, au synode de Thionville (1132), et d'exemption de juridiction séculière ; 3° la procédure

---

1. 2. 3. 4. Arch. des Vosges, G. 241.

d'institution des nouveaux chanoines ; 4° l'état des relations avec l'évêque de Toul, qui investira le grand prévôt ; 5° une nouvelle affirmation du droit de choisir l'évêque pour remplir les fonctions épiscopales qui ne sont pas de la compétence du prévôt. On voit l'importance de ce document qui rappelle, en le précisant, celui de 1049. Nous rencontrons ensuite des confirmations faites par Honorius III (1226) (1) et Grégoire IX (1228) (2), des biens cédés par le duc Mathieu en réparation de ses torts, enfin une bulle d'Urbain V (1363) (3) ratifiant tous les privilèges a-cordés par les papes, les empereurs, les rois et les princes. Nous avons à dessein laissé de côté une bulle d'Alexandre IV (4) confirmant les privilèges qui auraient pu être oubliés ou méconnus sous ses prédécesseurs, par inadvertance ou ignorance du droit, sauf ceux qui sont entachés de vices de forme ou atteints par la prescription. Cette dernière précaution fait soupçonner une grave évolution ; on n'ose plus parler de perpétuité comme aux siècles précédents, et le soin même, comme nous avons pu le noter, que l'on met à mentionner en détail les donations nouvelles et à répéter fréquemment ces mentions, indique bien la nécessité de dresser contre les atteintes seculières une possession bien établie et de nouveau confirmée.

Ce n'est pas un luxe de précautions inutiles puisque la papauté doit donner d'autres armes que des titres de confirmation à ses sujets : les papes sont intervenus sans cesse dans la lutte entre le chapitre et ses avoués les ducs, et dans les querelles avec les autres seigneurs laïcs.

---

1. 2. 3. Arch. des Vosges. G 242.

4. 1260, 23 janvier, Anagni. Bulle d'Alexandre IV confirmant les privilèges de l'église de Saint-Dié, *entre autres ceux qui auraient pu être méconnus*, Arch. des Vosges, G 242.

En 1228 (1) Grégoire IX sanctionne l'accord intervenu entre eux, mais en 1267 (2) Clément IV ordonne au doyen de Reims d'enquêter et de lancer l'interdit sur le duché si les exactions de la duchesse et de son fils ne cessent pas. Célestin V va plus loin : il donne en 1294 (3), au chapitre, la faculté de suspendre et d'excommunier, de jeter l'interdit et aussi d'absoudre après satisfaction, tous ceux « *ducs, comtes, barons, chevaliers, clers et laïcs, qui se font gloire de malfaire et se plaisent aux actes les plus détestables* », envahissant, occupant, dévastant et pillant les biens du chapitre. Quelquesfois les chanoines poursuivent leurs droits par les voies judiciaires : c'est ainsi qu'ils font condamner en cour de Rome, Walther de Hornbourg pour des redevances non payées (1328) (4). Mais le plus souvent, pour les délits les plus graves, ils usent du droit que leur a conféré Célestin V : c'est le cas, en 1370 (5), pour Jean de Harmonville et Jean de Saint-Remy, qui, avec plusieurs autres, avaient dévalisé et arrêté trois habitants de Moyemont ; en 1372, pour Jean de Noyers, seigneur de Rimaucourt, et quatre autres écuyers qui brigandaient à Deneuvre, Châtel, Rambervillers, Épinal, Saint-Dié, et n'avaient pas craint de mettre le feu à l'église de Saint-Genest après en avoir enlevé les cloches et les ornements (6).

Grégoire IX renouvelle le droit du chapitre à user de l'excommunication (1373) (8). On en use contre les gens de

---

1. Bulles adressées à l'archidiacre de Sens, au duc de Lorraine; mandement à l'évêque de Strasbourg ; Arch. des Vosges, G 242.

2. Arch. des Vosges, G 242.

3. Id. G 242. — Bibl. de Nancy, n° 22.

4. 1328, mars, Avignon. Bulle de Jean XXII.

5. 1370, 8 août. Excommunication lancée par le chapitre, Arch. des Vosges, G 242.

6. 1372, 21 avril, Id., Ibid.

7. Arch. des Vosges, G 242.

Niedermorschwihr qui refusaient la dîme des vins depuis trois ans (1377) (1) ; contre un voleur du blé de leurs granges (1388) (2). Martin V dans sa bulle de 1425 adressée à l'abbé de Moyenmoutier autorisant le chapitre à excommunier, vise les détenteurs et recéleurs des biens canoniaux ; l'énumération en est longue et précise : « *dîmes,* « *fruits, cens, redevances, pensions, terres, vignes, prés...* « *croix, calices, ornements, objets d'airain, de cuivre,* « *de fer, d'or, d'argent, d'étain, étoffes de laine, de lin,* « *lits, couvertures, oreillers..., nappes, serviettes, chevaux,* « *bœufs, vaches, brebis..., livres, rouleaux, écrits, chartes,* « *registres..., vin, grains, argent.* »

La papauté, dès le XIIe siècle, est intervenue directement dans les détails de l'organisation intérieure, en même temps qu'elle fortifiait de son autorité le temporel. Quelques bulles particulières précisent ces intentions et règlent certains points importants. Innocent II, en 1143, reconnaît la juridiction exclusive du chapitre pour les clercs et les hommes dépendant de l'église, sans aucune immixtion de l'autorité séculière. En 1242 (3) c'est un véritable statut du chapitre que rédige au nom du Saint-Siège le cardinal Hugues : la discipline se trouvait relâchée au point que les offices ne réunissaient qu'un très petit nombre de chanoines. Il règle rigoureusement la présence effective, le stage, les successions, les absences pour cause d'études, l'administration. Grégoire IX ordonne en 1228 (4) à l'évêque de Strasbourg, de veiller avec soin à ce que le duc ne mette pas la main sur les

---

1. 1377, 13 mars. Excommunication lancée par le chapitre, Arch. des Vosges, G 242.
2. 1388, 6 décembre, Id., Ibid.
3. Arch. des Vosges, G 335 (1).
4. Ibid., G 242.

successions des clercs du chapitre. Les difficultés ne viennent pas toujours de l'extérieur, et le pape Clément IV doit apaiser le différend qui s'était élevé entre le prévôt et les chanoines, celui-là réclamant un droit de gîte sur toute l'étendue des possessions : il charge le doyen de Reims de régler cette affaire (1267) (1). Le Saint-Siège intervient aussi pour permettre des dérogations aux statuts, ou bien pour leur donner une nouvelle force. Jean XXI donne dispense d'âge et d'ordres au fils du duc Ferry III, élu prévôt (2), et pour la première fois la formule d'immédiateté apparaît : l'église de Saint-Dié est dite rattachée directement au Saint-Siège, sans intermédiaire (3). La formule subsistera et la plupart des actes apostoliques la répéteront. Le duc Raoul, en 1345 (4) adresse une supplique du même ordre pour son fils naturel, Aubert ; le pape acquiesce. Par contre Martin V défend d'admettre aux canonicats les clercs de naissance illégitime, à moins qu'ils ne soient maîtres en théologie ou licenciés en droit (5). Au XIVᵉ siècle c'est une infinité de suppliques que reçoit le Saint-Siège pour permettre le plus souvent de nombreux cumuls. Bien des chanoines réunissent des prébendes à Toul, Metz et Saint-Dié (6). C'est aussi l'époque où la papauté accorde la prévôté à ses créatures : d'où il résulte des différends interminables

—————— —

1. Arch. des Vosges, G 242.

2. 1276, 13 janvier. Arch. des Vosges, G 242.

3. « ...decano et capitulo ecclesie sancti Deodati ad romanam ecclesiam nullo medio pertinentis, Tullensis diocesis. »

4. 1345, 11 octobre. Supplique du duc Raoul. *Clementis VI supplic.* ; t. VIII, fº 60 rº ; Sauerland, *Vaticanische Urkunden und regesten zur geschichte Lotringens*, Metz, 1905, gr. in-8º, nº 957.

5. Arch. des Vosges, G 244.

6. Sauerland, *op. cit.*, nºˢ 342, 436, 514, 556, 585, 586, 590, 591, 623, 824, 868, 957, 1223, 1284, 1302, 1339, 1428.

entre le chapitre et les prévôts absents au sujet de la résidence ; il en sera de même au XV* siècle où nous verrons par exemple Pierre d'Ailly pourvu de cette dignité. C'est pour obvier à ces graves inconvénients que Paul IV en 1468 (1) décidera, à la demande du chapitre, d'autoriser la non-résidence et la perception des revenus dans ce cas, à l'exception des distributions quotidiennes. Sixte IV (2) confirmera cette décision.

A trois reprises le Saint-Siège accorde des indulgences pour l'entretien ou la réfection des bâtiments du chapitre, quarante ou cent jours aux visiteurs de l'église, pendant les fêtes de Saint-Dié (1253-1289) ; en 1444 on accorde la même faveur à ceux qui, ne pouvant venir personnellement, enverront le prix du voyage qu'ils auraient dû faire (3). La sollicitude pontificale s'intéresse même à de moindres détails : le chapitre ayant eu désir d'établir des orgues à Saint-Dié, le pape. à la requête du duc René II, supprima une prébende qui fut affectée à l'entretien des orgues et de l'organiste (1498) (4).

---

1. 1468, 17 mars (copie). Arch. des Vosges, G 244.

2. Id., Ibid.

3. 1253, 24 août. Hugues, cardinal légat accorde cent jours d'indulgence à qui visitera l'église de Saint-Dié. Arch. des Vosges, G 246 (4).

1289, 5 décembre, Rome. Nicolas IV accorde quarante jours d'indulgences pour les mêmes raisons. Id., G 242.

1444, 13 janvier. Bulle d'Eugène IV, accordant des indulgences pour l'achèvement du cloître, « *illius claustri dudum inchoati.*» Id., G 244 (4).

4. 1498, 5 décembre. Lettre de René II à l'évêque de Toul et à ce sujet. Coll. Georges, à Lunéville. — Duvernoy, *René II et la collégiale de Saint-Dié*, dans *Bull. mensuel de la Soc. d'Archéol. lorraine*, t. X, 1920, p. 258.

1498. Bulle d'Alexandre VI autorisant l'annexion à la mense capitulaire des revenus d'une prébende. Arch. des Vosges, G 422.

2° *Le chapitre et la fiscalité pontificale*

La première mention que nous ayons d'une redevance payée par le chapitre au Siège apostolique remonte à 1126 (1). Pour prix de la protection accordée à l'église, Honorius II lui fixe une redevance fixe, appelée denier d'or, à payer au Latran chaque année. La bulle de 1131 (2) la mentionne aussi, mais au mot de protection on a substitué celui de liberté. Nous ignorons pour le XIIe siècle la valeur de cette contribution. Le payement en était peu régulier et donnait naissance à de nombreuses contestations : en 1286 le collecteur donne quittance au chapitre pour quatre-vingt-trois années, sur lesquelles soixante étaient en litige, le chapitre ne reconnaissant pas sa dette (3). Le denier d'or représentait dix sous tournois par année et se nommait aussi *marbotin*. A partir de 1286, le chapitre attendit trente-deux ans pour acquitter son dû (4). Il devait sans doute prendre des engagements pour une certaine durée, car en 1347 (5), on le voit s'engager au paiement pendant vingt-huit ans, et omettre d'ailleurs de le faire dès la deuxième année. Nous le retrouvons sous le nom de *besant* en 1386 (6). On l'évalue tantôt en petits florins de Florence (1388),

––––––––

1. 1126, avril. Bulle d'Honorius II, Arch. des Vosges, G 241 (26).

2. 1131, 24 octobre. Bulle d'Innocent II. Id., G 241 (30).

3. Arch. des Vosges, G 243.

4. 1318. Quittance du collecteur pour 16 livres, contribution de 32 années. Id., G 243.

5. 1351, février. Quittance d'un *marbotin* de 40 sous pour quatre ans, mentionnant l'engagement du 22 juillet 1347, Arch. des Vosges, G 243.

6. 1386. Quittance d'un *besant* ou denier d'or de 11 livres 10 sous pour vingt-trois ans, Id., G 243.

tantôt en florins d'or (1481), ou même en francs (1621), mais sa valeur numérique ne varie pas ; il est encore compté pour dix sous tournois en 1491 (1).

Mais ce n'était pas là la seule redevance que levait le Saint-Siège : les prébendes, canonicats, chapellenies, cures, étaient taxés suivant leurs revenus nets. On déduisait du revenu brut les dépenses nécessaires à l'entretien du titulaire. Et l'imposition représentait une certaine fraction du revenu net : en France c'était le dixième (2), et en Lorraine, d'après nos documents, le taux était sans doute le même. Nous ne pouvons préciser davantage pour Saint-Dié, n'ayant pas les estimations et les valeurs correspondantes de la décime pour la même année. Nous possédons néanmoins trois éléments d'information. D'abord l'estimation de 1358, puis la taxation antérieure à 1368, consignée au *Livre Rouge*, enfin celle de 1402 que nous rapporte le pouillé de Toul. Devant les multiples discussions et difficultés qui s'élevaient entre les collecteurs et le chapitre, le pape Innocent VI avait jugé utile de faire une nouvelle et précise estimation. Il charge en 1358 (3) Philippe, évêque de Cavaillon, nonce apostolique, et les abbés de Senones et de Moyenmoutier d'enquêter et de vérifier, entre autres choses, si les prébendes pouvaient être évaluées chacune à trente-cinq livres de revenu net. Le nonce remit ses pouvoirs à l'abbé d'Etival qui le remplaça (4). Les trois délégués vinrent à Saint-Dié le 18 mai et interrogèrent doyen, chantre, écolâtre, chaque

1. Quittances de 1388, 1421, 1481, 1491, Arch. des Vosges, G 243.

2. Mollat (abbé) et Ch. Samaran, *La fiscalité pontificale en France au XIVe siècle*, Paris. Fontemoing, 1905, in-8° ; Viard, *même titre, Revue des questions historiques*, CXXXVII, 1907.

3. 1358, 13 mars. Bulle d'Innocent VI au nonce Philippe, évêque de Cavaillon, Arch. des Vosges, G 242 (7).

4. Arch. des Vosges, G 242 (20).

chanoine et toute personne pouvant leur fournir quelque renseignement sur les fruits et revenus des dignités, canonicats et chapellenies : les témoins déposaient sous serment. Les enquêteurs s'aidèrent aussi des registres et rouleaux de comptes (1). Leur mission fut donc remplie avec toute la conscience désirable. Et ils estimèrent les revenus de la prévôté à soixante livres tournois, bon an mal an ; ceux du doyen à un maximum de trente livres. La chantrerie, d'après eux, rapporte communément dix livres, de même que l'écolâtrie ; enfin, chaque canonicat, trente-cinq livres. Or voici, pour les années antérieures à 1368, le montant de la décime : l'église paye trente livres, le prévôt six livres, le doyen vingt-quatre sous, le chantre quatre sous deux deniers, enfin les curés du Val, qui sont au nombre de douze, payent des sommes variant de cinq à vingt sous (2). Cette taxation nous prouve que l'estimation de 1358 était supérieure à la réalité pour les dignitaires, sauf pour le prévôt. Celle de 1402 diffère légèrement (3). Le prévôt ne doit plus que vingt et un sous, le chantre, par contre, doit huit sous quatre deniers ; les redevances des cures ont augmenté. Notons qu'en 1396 le sous-collecteur avait fait remise des sommes dues au Saint-Siège en raison de la situation des offices de chantre et d'écolâtre qui suffisaient à peine à nourrir leur titulaire pendant le tiers ou le quart de l'année (4).

Le siège apostolique percevait aussi des droits de provision pour les canonicats et les fruits des prébendes

---

1. 1358, 8 juin. Procès-verbal, Arch. des Vosges, G 242 (20).

2. Livre rouge, fᵒ 149 vᵒ. « Cest li taxation ancienne de lenglise de ceans... en lan LXVIII. »

3. H. Lepage, *Pouillé du diocèse de Toul*, rédigé en 1402 (d'après la copie du XVIᵉ siècle, de la Bibl. Nat., Lat. 5208), Nancy, 1863, in-8ᵒ, p. 98-99.

4. 1396, 15 octobre. Arch. des Vosges, G 242.

vacantes. Nous ne trouvons mentionnées ces impositions que dans deux actes : l'un est une transaction de 1397 entre le collecteur et le chapitre, pour les droits de provision de quatre canonicats, à raison de cinq francs l'un (1) ; l'autre est une nomination de délégués en cour de Rome, au temps de Martin V, chargés de composer au sujet des fruits de prébendes vacantes (2).

3° *Le Chapitre et les Evêques*

Nous avons vu plus haut que le monastère de Saint-Dié se trouvait, au moment de sa sécularisation, en la possession de l'évêque de Toul. Cet état de choses, s'il fut jamais consacré par les faits, ne dura pas très longtemps puisque, en 1049, Léon IX. renouvelant les privilèges autrefois accordés à l'église de Saint-Dié, l'exempta de la juridiction de l'ordinaire pour la rattacher directement au siège apostolique. Les papes, à sa suite, sanctionnèrent ces libertés. Et quand bien même, comme M. l'abbé Martin (3), on suspecterait la bulle de 1049, — ce que rien n'autorise — il faut bien accepter les privilèges de ses successeurs qui, les uns après les autres, confirmèrent l'immédialeté et qualifièrent, dès le XIII° siècle, l'église de Saint-Dié de la formule consacrée : « *Ad romanam ecclesiam nullo medio pertinentem* ». Nous ne voyons donc pas le rôle que l'évêque de Toul, sans l'autorisation du chapitre, eût pu s'attribuer. Dès 1167, Pierre de Brixey reconnaît l'indépendance de l'église (4). Par la

---

1. 1397, 17 juin. Quittance par Hugues de Ligny, sous-collecteur. Arch. des Vosges, G 377 (2).
2. 1432, 31 janvier. Arch. des Vosges, G 377 (3).
3. Martin (l'abbé), *op. cit.*, t. I, p. 205.
4. Sommier, *op. cit.*, pièce justif. X, p. 393-395.

suite, les évêques de Toul eurent fréquemment l'occasion de venir à Saint-Dié remplir leur ministère, soit pour consacrer des autels, soit pour donner la confirmation ou conférer la tonsure. Mais ils durent chaque fois reconnaître qu'ils n'étaient venus que sur l'invitation du chapitre et donner en bonne et due forme acte de non-préjudice. Nous en avons de 1283 (1), 1359 (2), 1366 (3). Ils reconnaissaient les droits des chanoines à d'autres occasions : désireux de faire obtenir un canonicat à quelque clerc de leur entourage, ils le recommandaient au choix du chapitre en ayant soin de spécifier nettement qu'ils n'entendaient en rien porter atteinte aux libertés de l'église de Saint-Dié. Les actes de ce genre apparaissent au XIVe siècle : c'est, en 1311, Jean d'Arzilières qui propose pour un canonicat un protégé du roi des Romains (4) ; en 1335, Thomas de Bourlémont qui renouvelle une semblable démarche (5). Entre temps les évêques et le chapitre de Toul avaient reconnu sans réserve le caractère insigne de l'église de Saint-Dié (1308, 1322, 1324) (6).

Une prétention injustifiée du chapitre de Toul s'élevait en 1319 : il entendait que le grand prévôt de Saint-Dié fût toujours choisi parmi les chanoines de Toul ; il faut

---

1. Conrad, évêque de Toul, invité à venir donner la confirmation à Saint-Dié, par le chantre, remplaçant le grand-prévôt, donne acte de non-préjudice. Arch. des Vosges, G 246. Sommier, *op. cit.*, pièce justif. Mh, p. 416-417.

2. Bertrand de la Tour d'Auvergne, ayant accordé la tonsure à quelques clercs des écoles, reconnaît qu'il n'est venu à Saint-Dié que « causa peregrinationis et non aliter », Arch. des Vosges, G 246 (11).

3. Acte de non-préjudice du vicaire de l'évêque de Toul, Arch. des Vosges, G 246.

4. Arch. des Vosges, G 246.

5. Id., Ibid.

6. Sommier, *op. cit.*, p. 166, 167, 418, 419.

dire que parmi ceux de Saint-Dié un grand nombre cumulait plusieurs canonicats. Maints jugements en cour de Rome (1324, 1326, 1328) (1) et une bulle de Jean XXII déboutèrent les chanoines de Toul de leurs prétentions. Celles-ci pouvaient pourtant se baser sur la coutume : depuis Henri (1135-1160), tous les grands prévôts avaient occupé, avant d'être élus à Saint-Dié, des charges ou des dignités dans l'église de Toul. L'élection de Jacques de Nancy (1319) suscita des réclamations qui se renouvelèrent pour ses successeurs, sans résultat, comme nous venons de le voir.

Au XVIII° siècle, les discussions reprendront, on remontera aux origines ; chacun critiquera à sa façon des textes sujets à caution, rejetant ce qui s'opposera à sa thèse : la polémique prendra des proportions énormes, des volumes en naîtront. Sommier, après Riguet et d'après lui, mettra autant de feu à défendre les prérogatives de Saint-Dié, que Brouilly à les attaquer. Ils se serviront souvent d'arguments sans grande valeur, sans pouvoir ni l'un ni l'autre apporter dans ce débat la sérénité nécessaire. Pourtant, aujourd'hui, la question nous paraît assez simple : si l'on peut discuter longuement autour des diplômes de Numérien, d'Otton II (975), d'Otton III (984), de la bulle de 1051, il n'en va pas de même des documents qui suivent et ils ne laissent aucun doute. L'immédiateté et l'exemption y sont clairement visées et confirmées. Sans doute, au XI° et au XII° siècles, il dut y avoir des résistances de la part des évêques de Toul ; nous avons pu constater que l'évêque Pibon (1069-1107) (2),

---

1. Sommier, p. 175, 176, 419, 422.
2. S. d. [1069-1107]. L'évêque de Toul Pibon rend au chapitre l'église de Saint-Remimont. Original autrefois scellé. Arch. des Vosges, G 279. L'évêque dit, en parlant de l'église de Saint-

affirmait encore que l'église de Saint-Dié était sous son autorité. Mais au XIIIᵉ siècle aucun doute n'est plus possible, pas plus qu'aux siècles suivants. Et quand les historiens toulois et déodatiens entamèrent leurs discussions, auxquelles seule la création de l'évêché de Saint-Dié mit une conclusion en 1777, la question n'avait plus rien d'historique : les uns et les autres eurent le tort de rechercher la justification de leur thèse dans des documents de date trop ancienne, et, le parti-pris s'en mêlant, les erreurs s'accumulèrent.

Les possessions du chapitre, situées à l'ouest de la chaîne des Vosges, se trouvaient ainsi entièrement sur le territoire du diocèse de Toul sans dépendre de son évêque : les chanoines prétendirent de même à la totale exemption de leurs biens d'Alsace à l'égard de l'évêque de Bâle. Pourtant, en 1123, ils acceptèrent de Rodolphe la confirmation de leurs dîmes de Ingersheim, Mittelwihr et Hunawihr, et de leurs droits de collation à la cure de ces localités, et celle de Henri rappelant la donation de Lutold (1227) (1). Le chapitre même ratifia à son tour les actes de ses évêques (1228) (2). L'évêque avait sous sa sauvegarde les hommes et les biens du chapitre de Saint-Dié, et celui-ci, en retour, lui devait tous les quatre ans, à raison des dîmes, quarante sous bâlois pour Ingersheim, cinq pour Hunawihr et autant pour Mittelwihr. En 1315 les habitants d'Ingersheim refusèrent ces rede-

---

Dié : « ecclesie quoque sancti Deodati que in *auctoritate* nostra habetur... ». Or, le mot *auctoritate* a été, par surcharge et grattage, transformé à une époque incertaine en *tuitione*.

1. 1123, février. Confirmation par Rodolphe, évêque de Bâle, Arch. des Vosges, G 818.

1227. Acte identique d'Henri, évêque de Bâle, Arch. des Vosges, G 818.

2. Arch. des Vosges, G 818.

vances et furent excommuniés de ce fait (1). Quelques années plus tard, l'évêque voulut imposer au chapitre à raison de sa maison d'Ingersheim, un don gratuit de joyeux avènement, et un subside à cause des grandes dépenses qu'il avait dû engager. A ces demandes, le chapitre, après délibération, répondit très nettement que c'était plutôt au pasteur à secourir ses fidèles qu'à ceux-ci de lui apporter leur aide ; que ses biens d'Allemagne ont déjà eu assez à souffrir des déprédations des seigneurs de Hornbourg, que ces subsides doivent être gratuits et non forcés ; que les hommes de l'église de Saint-Dié, comme cette église elle-même, sont exempts et directement rattachés au Saint-Siège et qu'ils n'ont jamais jusque-là payé de don de joyeux avènement aux évêques de Bâle (2). On sent dans cette réponse quelque embarras : certes le privilège d'exemption est mis en avant, mais on juge bon de le renforcer d'arguments plus convaincants ; la situation n'est pas nette comme de l'autre côté des Vosges, et les conflits se renouvelèrent plusieurs fois. En 1379 les curés d'Ingersheim, Mittelwihr et Hunawihr refusèrent de payer les collectes. Ils furent excommuniés, puis absous (3). En 1403, 1409, 1440, nouvelles absolutions faisant supposer les mêmes refus que nous retrouvons en 1492 (4).

---

1. Arch. des Vosges, G 818.
2. 1329, 11 novembre. Mémoire de l'écolâtre remplaçant le doyen, Arch. des Vosges, G 818.
3. Arch. des Vosges, G 818.
4. Absolutions de 1403, 1409, 1440, Arch. des Vosges, G 818. — 1492, 10 février. L'official de Bâle déclare exempter du subside les curés de Mittelwihr, Hunawihr et Ingersheim, Arch. des Vosges, G 819.

4° *Le Chapitre et les Monastères*

Les monastères de Saint-Dié et de Moyenmoutier eurent à l'origine d'étroites relations, ainsi que nous l'avons vu au début de cette étude : ils partagèrent jusqu'au XIe siècle les vicissitudes et la vie troublée de ces temps de décadence religieuse. Par la suite, une procession annuelle rappelait les prétendus liens qui auraient uni saint Dié et saint Hidulphe : le jeudi après la Pentecôte les chanoines et les moines se rencontraient à Belchamp, et là, sur les reliques des saints fondateurs, la messe était dite. Cet usage subsistait encore en 1635. Dans les deux églises, des diptyques réunissaient pour les mêmes prières les trépassés du chapitre et du monastère. Mais ces relations, toutes spirituelles, sont les seules dont les textes nous aient conservé le souvenir. Le chapitre et l'abbaye n'eurent ainsi que des liens de confraternité à maintenir, et jamais, semble-t-il, aucune contestation d'intérêt ne vint les affaiblir.

Il n'en fut pas de même avec l'abbaye d'Etival, voisine aussi de Saint-Dié : le chapitre prétendait avoir le droit d'usage dans les bois d'Etival. Dès le XIIIe siècle les contestations s'élevaient, et à travers les accords, arbitrages et transactions le conflit subsista, aigu ou latent, jusqu'à la disparition des parties, supprimées par la Révolution. Tantôt c'était l'abbaye qui s'opposait au droit d'usage, tantôt c'était le chapitre qui déniait à l'abbaye le droit de faire des forges et fonderies (1) dont les bois fournissaient le charbon : on élaborait de minutieux règle-

---

(1) 1306. Charte du duc Thibaud limitant les deux bans ; 1309. Donation de la justice à l'abbaye d'Etival ; 1334, octobre. Com-

ments, on spécifiait les arbres à couper, la procédure d'en-
lèvement, les redevances : le débat s'apaisait quelque
temps pour renaître plus violent (1).

Les démêlés avec l'abbaye de Beaupré furent moins
longs et la solution en fut plus prompte et plus heureuse.
Grâce à la médiation de l'abbé de Chaumousey, Gui, des
abbés de Belchamp, de Salival, de Rieval et d'Etival, du
prieur de Moyenmoutier, accord était conclu en 1178 (2).
Le chapitre renonça à ce qu'il avait à Clézentaine ainsi
qu'aux dîmes d'Haillainville et de Moriviller, moyennant
un cens annuel, et, pour mieux sanctionner la paix faite,
une association de confraternité fut nouée. Chanoines et
religieux désiraient ainsi avoir part aux prières commu-
nes et profiter en même temps, pour les affaires temporelles, *des bienfaits de l'union.* Un échange en 1336 fit
entrer dans le domaine de l'église de Saint-Dié la terre de
la Grande-Fosse que l'abbaye de Beaupré avait reçue de
Mathieu Ier (1172), et supprima les derniers cens que cette
dernière payait encore au chapitre (3).

Quelques démêlés marquèrent au XVe siècle les rapports de voisinage du chapitre et de l'abbaye de Pairis (4). Tous deux possédaient des biens importants dans

---

promis. *Recueil des droits et privilèges...,* Arch. des Vosges, G 232,
p. 36 et 39.

1308, mai. Transaction, Arch. de Saint-Dié. — Cf, Arch. des
Vosges, G 544.

1. 1308, 9 septembre. Accord à ce sujet. Livre rouge, f° 155 v°-
156 r°.

2. 1178. Accord et acte de confraternité. Bibl. de Nancy, charte
n° 7, publ. par Pfister, *Les chartes de la Bibliothèque de Nancy,*
déjà cité, p. 54-64.

3. « Mémoire géographique et historique sur la terre de la
Grande-Fosse... etc. » (XVIIIe siècle). Arch. des Vosges, G 575.

4. Haut-Rhin, Cant. d'Orbey.

les paroisses d'Ingersheim et de Mittelwihr (1). Mais le chapitre, comme collateur de la cure, réclamait des dîmes que l'abbaye lui refusait. En 1450 il les prit de force. Une procédure compliquée s'engagea alors : on appela à Rome de la sentence du prévôt de Saint-Pierre de Bâle : le jugement fut confirmé ; nouvel appel, nouvelle sentence ; bref, en 1461, le chapitre était condamné par le légat du pape à restituer et à payer les frais (2). En 1476, une sentence de l'évêque de Bâle régla en même temps que la question présente celle des dîmes des églises d'Ingersheim, Mittelwihr et Hunawihr : les dîmes de Buchs et de Forst demeurèrent à Pairis qui ne dut rien au chapitre ; les autres devaient aller aux curés des églises, dont le chapitre avait le patronage (3). Pourtant les contestations ne furent pas définitivement supprimées ; en 1484 le pape Innocent VIII ordonnait une enquête sur une affaire du même ordre. Nous en ignorons les résultats (4).

---

1. Haut-Rhin, Cant. de Kaysersberg.

2. 1459. Sentence du prévôt de Bâle ; 1461. Sentence de Nicolas, évêque de Tripoli, suffragant de Bâle ; 1461, 20 juin. Sentence du subdélégué du pape. Arch. des Vosges, G 832.

3. 1476, 13 novembre. Sentence de l'évêque de Bâle.
1477, 25 septembre. Publication de la sentence par l'official de Bâle. Arch. des Vosges, G 832.

4. 1484. Mandement d'Innocent VIII, déléguant l'abbé et le chantre de Saint-Vincent de Besançon. Arch. des Vosges, G addition (non inventorié).

CHAPITRE IV

L'organisation et la vie intérieure du Chapitre.

1° *Aperçu général*

De même que nous ignorons la date précise de la transformation du monastère de Saint-Dié en chapitre (1), de même, faute de documents, nous ne pouvons préciser les détails de son organisation dès le X° siècle. La règle attribuée à saint Chrodegang (2) peut nous en donner une idée assez exacte dans l'ensemble, sans que nous puissions être fixés sur le nombre des chanoines, leur situation morale et les attributions précises de leurs dirigeants. Nous savons cependant que le chapitre avait à sa tête un prévôt qui jouissait dès le début d'une mense particulière, et plusieurs autres dignitaires : un document de première importance, la *Littera rectitudinum* (3), qui doit remonter au commencement du XI° siècle, nous permet de trouver ces renseignements. Il nous fait entrevoir en même temps les difficultés qui menaçaient tou-

---

1. Voy. ci-dessus, chap. I, p. 21 et suiv.

2. Pour le texte de la règle, cf. d'Achery, *Spicilegium*, 2ᵉ édition, t. I, p. 565.

3. « Littera antiqua rectitudinum », Arch. de Saint-Dié. — Cf. Pfister, *Les revenus de la collégiale de Saint-Dié à la fin du X° siècle*, dans *Annales de l'Est*, t. II, 1888, p. 514-532. M. Pfister a utilisé avec fruit des remarques de De Riguet insérées dans ses *Observations sur les titres de l'insigne église de Saint-Dié* (mss. 9 (2 vol. in-fol.) et 51 (4 vol. in-4°) de la Bibl. de Saint-Dié, et mss. 496 et 497 de la Bibl. de Nancy) ; il a donné un texte de ce document dans les *Annales de l'Est*, t. III, 1889.

jours de surgir entre les chanoines et leurs prévôts ; c'est pour se protéger contre les convoitises de leur chef à l'égard du temporel, contre toutes les diminutions ou distiactions, que le chapitre dut demander à l'évêque de Toul, dont il dépendait encore, de fixer très nettement les ressources propres, à l'exclusion de celles qui étaient la propriété du prévôt.

Bien évidemment, le chapitre de Saint-Dié posséda de bonne heure son réglement écrit, où les attributions et les devoirs de chacun se trouvaient définis, mais il ne nous est resté aucun exemplaire de ces statuts anciens. Cela se conçoit facilement : on ne jugeait pas utile de conserver, après leurs remaniements, des textes qui perdaient tout leur intérêt. On se contentait de faire des additions nouvelles au texte précédent et ce système que ncus apercevons clairement dans les statuts au XIV° siècle, nous vaut d'avoir conservé indirectement les textes plus anciens qui leur ont servi de prototype. Une série de remarques nous permet de vérifier cette allégation : un extrait des « *Antiques statuts de l'église de Saint-Dié* », fait, d'après une note finale, en juillet 1567 (1) à l'occasion d'un différend entre le grand prévôt et le chapitre, nous donne la copie des droits et devoirs du premier. Le texte en est littéralement identique à celui du chapitre correspondant des statuts : or l'extrait que nous possédons porte dans sa marge l'indication suivante : « *datté du 21 febr. 1422* ». Ainsi notre texte des statuts, bien qu'il ne puisse être antérieur à la deuxième moitié du XVI° siècle (2), à cause des additions mentionnant des délibéra-

---

1. « Copia *ex* libro antiquorum statutorum ecclesiae sancti Deodati de Sancto Deodato », Arch. des Vosges G 335 (5).

2. « Statuta capituli insignis ecclesiae sancti Deodati », Arch. des Vosges, G 355 (7).

tions capitulaires comprises entre 1508 et 1578, nous représente exactement l'ensemble des réglements qui les ont précédés. D'ailleurs toutes les additions, dont la plus ancienne remonte à 1508, se distinguent immédiatement du corps primitif : elles sont toutes rédigées en français et gardent encore la forme de délibérations capitulaires, tandis que le noyau ancien est constitué par un texte latin. On peut même aller plus loin et considérer les dits statuts comme antérieurs au XV⁰ siècle, pour une grande part. Beaucoup de détails rappellent un état de choses qui n'était plus celui de l'époque : le prévôt y est considéré comme résidant, tandis qu'au XV⁰ siècle il fut rarement présent à Saint-Dié. Beaucoup d'autres, comme la cérémonie du triple serment, se rencontrent déjà au XIII⁰ siècle. Nous pouvons donc faire état des statuts dont notre texte du XVI⁰ siècle nous donne une image fidèle : il nous suffira d'en écarter les additions plus modernes pour avoir l'ensemble des réglements du chapitre au Moyen-Age. Toutes les parties ne nous intéresseront pas également : les premiers feuillets ne renferment que des prescriptions de bonne tenue et de liturgie. Le chapitre des élections vient ensuite, puis ceux du stage, du partage des ressources, de la collation des bénéfices, en majeure partie du XV⁰ siècle ; nous trouverons plus d'intérêt à ceux qui traitent des devoirs du prévôt, du doyen et des officiers, de la tenue des chapitres, des chanoines lépreux, des malades.

Pour nous rendre compte plus exactement de l'organisation intérieure, des attributions de chacun et du mécanisme de l'administration, nous utiliserons aussi les renseignements que nous offrent les bulles pontificales, dont plusieurs réglèrent la discipline du chapitre, les différents accords entre les chanoines et leur prévôt, les comptes malheureusement très incomplets. Mais nous

réserverons *pour une autre partie de notre travail les con*-
sidérations financières *et tout ce qui a rapport à la répar*-
tition et à l'utilisation des ressources.

L'église de Sain-Dié possédait un chapitre composé d'un
certain nombre de chanoines et de quatre dignitaires :
trois étaient pris dans son sein et lui étaient étroitement
unis, le doyen, le chantre et l'écolâtre ; le quatrième, le
prévôt, était bien souvent étranger à l'église, et ses intérêts
fréquemment en contradiction avec ceux des chanoines.

2° *Le Prévôt*

Son titre resta, jusqu'au XIII° siècle, celui de *prepositus*;
c'est le seul que lui donnent les bulles des papes, diplômes
des empereurs, chartes des ducs (1). Pour la première fois,
en 1272 (2), nous rencontrons celui de *grand prévôt*. Ce
ne devait pas être par simple désir de rendre son titre
plus honorifique, mais aussi pour le bien distinguer du
prévôt que le duc avait à Saint-Dié à partir du XIII° siècle.

Son choix est fait par élection : il devait, au XII° siècle,
recueillir l'unanimité des suffrages, mais dès 1109, des
papes concèdent qu'il suffira de ceux de la *pars sanior*

---

1. Ainsi que le règlement promulgué en 1253 par Hugues, cardinal légat (Arch. des Vosges, G 335 (1)) et les transactions entre
le prévôt Philippe de Florenges et le chapitre en 1251 (Id.,
G 269 (4).)

2. 1272. Charte de Ferri III, citée par Sommier, *op. cit.*, p.
52-53. Le même auteur cite plusieurs autres textes, du XIII° au
XV° siècle, parmi lesquels un manuscrit des miracles de Saint-
Dié (1274), inconnu, où figure la formule *Magnus prepositus eccle-
siae sancti Deodati*, et le testament de Simon de Parroy de 1291
(Arch. des Vosges, G 403.)

du chapitre, c'est-à-dire d'une majorité très arbitraire. Ce procédé laissait place aux interventions étrangères qui ne manquèrent pas de se manifester fréquemment. Les ducs placèrent souvent à la tête du chapitre leurs fils ou leurs parents. Ce sont Henri, fils de Thierry Iᵉʳ (1135-1160) ; Thierry, fils de Mathieu Iᵉʳ (1160-1188) ; Mathieu, fils de Ferry de Bitche et neveu de Simon II (1188-1216) ; puis à quelque distance : Philippe de Florenges, cousin de Ferry III (1237-1260) ; Ferry, fils de Ferry III (1276-1298) ; Philippe de Bayon, parent, à vrai dire éloigné, de la famille ducale (1325-1356) (1). La règle savait fléchir pour ces grands personnages, et l'on oubliait facilement les conditions d'âge ou de situation canonique pour ne voir que leur noble parenté. Rien ne le montre aussi bien que la bulle de Jean XXI (1276) (2) qui ratifie l'élection du fils de Ferry III, et l'on comprend immédiatement les raisons du choix des chanoines : sans doute le candidat n'a pas atteint l'âge requis, ni reçu les ordres, mais le chapitre espère que grâce à l'appui de sa famille l'église se relèvera de sa situation fâcheuse et sera mieux défendue.

Le chapitre recueillait quelquefois de bons effets de cette façon d'agir : nous voyons, par exemple, Philippe de Florenges, qui, par son père Robert, était petit-fils de Simon Iᵉʳ, intervenir heureusement dans les relations du chapitre avec le duc, dont les vexations cessèrent et qui renonça à son droit sur les bâtards ; dans les transactions avec son cousin Jacques, évêque de Metz, au sujet de la saline de Moyenvic (3). Il améliora la situation inté-

---

1. Sommier, *op. cit.*, p. 117-120, 120-130, 130-144, 144-152, 155-159, 172-181 ; Ruyr, *op. cit.*, p. 271, 272, 273, 274, 278.
2. 1276, 13 janvier. Bulle de dispense, Arch. des Vosges, G 242.
3. Sommier, *op. cit.*, p. 149-151.

rieure et c'est sous son gouvernement que le cardinal Hugues promulgua un réglement pour rétablir plus exactement la discipline trop relâchée. C'est peut-être à la même époque, et sous son influence, que le chœur de l'église, achevé, reçut les verrières dont il nous reste quelques fragments.

Mais le chapitre eut aussi quelquefois à se repentir du choix d'un prince : l'exemple le plus frappant et le plus déplorable nous est fourni par ce Mathieu, petit-fils de Mathieu Iᵉʳ, qui se conduisit comme un véritable brigand. Richer (1) nous a conté sa vie scandaleuse avec un grand luxe de détails. Il cumulait la grande prévôté avec l'episcopat de Toul. Déposé pour avoir dissipé les biens de l'évêché, il se retira à Saint-Dié dans une maison située entre les deux églises et qu'il avait bâtie avec les pierres du sanctuaire en ruine. Il y vivait avec une fille qu'il avait eue d'une religieuse d'Epinal. Le duc Ferry, irrité, fit raser sa demeure. Le prévôt se retira alors dans une maison située en dehors de Saint-Dié. Le duc, pour la seconde fois, l'en chassa. Il en fut réduit d'errer avec quelques compagnons de son espèce. Mais ayant appris que son successeur sur le siège de Toul, Renaud de Senlis, était venu dans les Vosges, il fit préparer une embuscade près de la Bourgonce, sur la route d'Autrey, et Renaud fut assassiné, presque sous les yeux de Mathieu. Après un si grand crime, le coupable espérait encore le pardon de son neveu Thibaut. Mais celui-ci, furieux de tant d'audace, le tua de sa propre main.

Nous venons de voir que cet indigne prélat cumulait

---

1. Richer, *op. cit.* — Cf. abbé Idoux, *Quelques notes sur les premiers grands prévôts*, dans *Bull. de la Soc. Philomatique vosgienne*, t. XX, 1904-5, p. 313-348. Il détermine l'endroit précis où fut assassiné Renaud de Senlis.

l'évêché de Toul et la prévôté. C'était chose fréquente. Et dans sa liste, Sommier relevait neuf évêques, dont quatre de Toul et deux de Metz. De plus, de Rambaud (1106) à Jacques de Nancy (1319), tous les prévôts firent partie à un titre quelconque de l'église de Toul. Cela justifiait dans une certaine mesure la prétention que le chapitre de Toul émit en 1319 : le chapitre avait élu prévôt, le 25 octobre 1319, Jacques de Nancy, chanoine de Saint-Dié. Le chapitre de Toul signifia qu'il entendait que l'on élût un chanoine de Toul, à l'exclusion de tout autre (1). D'où procès en cour de Rome. Mre Jean d'Amance partit le 20 novembre, portant derrière la selle de son cheval les documents de l'élection et du procès (2). La cour apostolique débouta le chapitre de Toul de ses prétentions et confirma sa sentence en 1326 et 1328, à l'occasion de l'élection de Philippe de Bayon (3).

Parmi les grands prévôts qui suivirent, plusieurs se contentèrent de jouir, de loin, des revenus de leur dignité, ce que le chapitre n'admit qu'avec difficulté. Au commencement du XVe siècle, Pierre d'Ailly, chancelier de l'Université de Paris et cardinal au titre de saint Chrysogone, se contenta d'administrer par procureur les revenus de la prévôté (4). La dignité n'est plus alors

1. 1319, 25 octobre. Supplique au pape, renfermant le procès-verbal de l'élection de Jacques de Nancy ; — Même date. Les délégués du chapitre vont demander son assentiment au nouvel élu. Arch. des Vosges, G 256 (3, 4).

2. 1319, 20 novembre. Procès-verbal du départ de Jean d'Amance ; il emporte à Rome *acta et munimenta... in malla... retro cellam equi sui ligata.* Arch. des Vosges, G 256.

3. 1326. Deuxième sentence contre l'église de Toul ; 1328. Troisième sentence. Sommier, *op. cit.,* p. 172-181.

4. Pierre d'Ailly occupa la grande prévôté de 1414 à 1417. On possède le compte des recettes et dépenses de sa dignité pour l'année 1416. Arch. des Vosges, G 270 (15).

qu'un bénéfice à attribuer : le prévôt, pas plus que les chanoines, ne s'astreint à la résidence et les liens qui les unissent sont très relâchés. Nous sommes loin des temps où le chapitre recherchait un protecteur qu'il ne trouvait pas toujours.

Dès le XIIIe siècle, et sans doute auparavant (les documents nous manquent pour l'affirmer catégoriquement), le prévôt, le jour de sa réception, devait faire trois serments. Le premier, au pied des degrés de la porte de l'église : il promettait d'être bon et loyal envers l'église, ses chanoines, vicaires, chapelains et tous ses serviteurs. Le deuxième était prononcé devant le grand autel ; il était plus précis : le nouveau prévôt jurait d'observer les privilèges et statuts de l'église dans tous leurs détails, et à l'égard des chanoines, vicaires, chapelains et tous les hommes de l'église. Enfin, reçu en chapitre, il faisait serment de ne rien révéler des secrets des délibérations capitulaires et de ne pas enfreindre les accords intervenus entre les prévôts précédents et le chapitre. Il n'avait pas voix au chapitre et ne devait se rendre aux séances capitulaires que s'il y était invité. A la suite de sa réception, il devait offrir à l'église deux ornements d'or (1). Telles étaient ses obligations.

Ses droits étaient de plusieurs sortes :

Il avait celui de porter les insignes pontificaux, la mître, la crosse, les gants et les sandales (2). Une peinture du XIVe siècle qui se voit encore aux parois de l'abside (et dont nous possédons une copie moderne et réduite) (3), nous le présente en habits de cérémonie : il porte une

---

1. *Statuta capituli insignis ecclesiae Sancti Deodati,* déjà cité.
2. *Statuta capituli...*
3. Voy. ci-dessus, p. 41, n. 2. — La copie, qui paraît être du XVIIIe siècle, est conservée au musée départemental des Vosges.

chasuble blanche à col noir, bordée de bleu, une mitre bleu et or assez basse, une dalmatique jaune bordée de rouge, et tient une riche crosse ornée de fleurons. Un compte de 1383-1384 conserve la mention de l'achat d'argent pour celle-ci et d'or pour la recouvrir ; en tout la dépense atteignait neuf livres et un sou (1). Dans le chœur, il avait une place spéciale proche de l'autel, où il siégeait sur un fauteuil couvert d'étoffes précieuses.

L'église de Saint-Dié ayant le patronage des cures de la ville et du Val, le grand prévôt possède le droit d'instituer les desservants des deux églises de la ville, de celle de Saint-Martin hors les murs, de Fraize, de Laveline, de Lusse, de Wisembach, de Taintrux, de Provenchères, de Bertrimoutier, du Saulcy, de Saint-Léonard, d'Anould et de Sainte-Marguerite, dans le Val, enfin de celle de Saint-Remimont. Il doit les visiter chaque année, en personne, ou y déléguer son official, le sénier, pour veiller au bon état matériel et moral, à l'entretien des ornements, des édifices et des maisons presbytérales. Il percevait sur chaque église un droit, appelé *benedicti*, qui variait au XIVe et au XVe siècles, entre trois sous treize deniers et sept sous quatre deniers pour chacun, et représentait une somme d'environ cinquante-sept sous (2).

La juridiction spirituelle dans la ville et le Val lui appartenait : il tenait audience dans son hôtel et possédait pour le remplacer dans la présidence un official nommé *senier*, en latin *senator* (3). Celui-ci est élu

---

1. Comptes de la grande prévôté, Arch. des Vosges G 270 (17) f° 7 v°.

2. Comptes de la grande prévôté, Arch. des Vosges, G 270 (13, 16, 17) ; 1400. Accord entre le chapitre et le prévôt Gauthier de Ficocourt. Id., G 270 (11) ; *Statuta...*, déjà cités, f° 12 r°.

3. *Statuta...* f° 12 r°.

annuellement le mardi après Quasimodo par les curés du Val qui le choisissent parmi eux. L'élu ne peut refuser la charge sans excuse légitime. Il doit prêter serment au grand prévôt (1). Il tient à Saint-Dié siège de justice deux fois par semaine, le mardi et le vendredi : tous les procès sont donnés par écrit et le sénier reçoit pour chaque sentence dix gros. Il connaît des contestations touchant les testaments, les mariages, la correction des mœurs adultères, fornication, etc... (2). Les amendes prononcées appartiennent pour deux parts au grand prévôt, pour la troisième au chapitre (3).

Le grand prévôt possède un sceau qui, jusqu'en 1341, sera le seul usité dans tout le Val de Saint-Dié (4). Un grand nombre d'actes passent par sa chancellerie : ventes, transactions, donations, testaments, etc... Ils sont rédigés par les soins du sénier qui les confirme du sceau prévôtal. Au XV* siècle on percevait de ce fait douze deniers pour une lettre ordinaire ; cinq, dix ou onze sous pour un testament ; cinq ou six sous pour une dispense de mariage. L'ensemble de ces droits représentait pour les années 1379 et 1380-81, neuf sous six deniers (5). Ainsi, par l'usage de son sceau, le prévôt participait à la juridiction temporelle en même temps qu'il exerçait sa com-

---

1. Statuts des curés du Val, Arch. des Vosges, G 437.

2. Pièces et comptes de la grande prévôté, Arch. des Vosges, G 257, 264, 265, 270.

3. 1400. Accord entre le chapitre et Gauthier de Ficocourt, Arch. des Vosges, G 270 (11).

4. Voy. ci-dessus, p. 53. Gravier, *Histoire de la ville épiscopale et de l'arrondissement de Saint-Dié*, p. 176 ; G. Save, *Sigillographie de Saint-Dié*, dans *Bulletin de la Société Philomatique vosgienne*, t. XIV, 1888-89, p. 130 ; André Philippe, *op. cit.*, Introduction, p. 4 et 5.

5. Comptes de la grande prévôté, Arch. des Vosges, G 270 (13, 15, 17).

pétence spirituelle en matière de testaments, mariages, fautes contre les prescriptions de l'Eglise. Mais il intervenait de plusieurs autres façons dans les affaires temporelles.

De même que le chapitre percevait un tiers des amendes de la cour spirituelle, de même le grand prévôt avait un tiers des amendes de la juridiction temporelle, appelée la Pierre Hardie, et qui appartenait au chapitre seul. Il déléguait un clerc auprès de cette cour pour surveiller la perception des droits (1).

Il avait en outre, dans la ville et dans tout le Val, une juridiction particulière, la *Féauté*. Cette institution est assez commune en Lorraine et dans le comté de Vaudemont ; on la rencontre de la Meuse aux Vosges, à Sainte-Croix-sur-Meuse, à Rouceux, à Laloeuf, à Toul, Bayon, Rozelieures, Remiremont, Saint-Dié, et ailleurs encore. En fait, elle présente avec les lieux quelques différences. Ses attributions sont plus ou moins étendues. Mais, partout, c'est une juridiction chargée de protéger l'exercice de la possession, d'empêcher les troubles et les anticipations (2). A Saint-Dié sa compétence était limitée, dans chaque paroisse du Val, aux seules questions intéressant le possessoire, les affaires se rapportant au tréfonds n'étaient plus de son ressort.

L'exercice de la Féauté était intimement lié aux visites des paroisses de la ville et du Val que le grand prévôt devait faire chaque année, à époques fixes, et qui por-

---

1. 1400. Accord entre le chapitre et Gauthier de Ficocourt, Arch. des Vosges, G 270 (11).

2. Guyot, *Sur la nature et les attributions des faultés ou féautés*, dans *Journal de la Soc. d'Archéol. lorraine*, t. XL, 1890, p. 80-90 ;Pierfitte (abbé), *La féauté de Moriville... dans Bull. de la Soc. d'Archéol. lorraine*, t. IX, 1908, p. 20-24.

taient le nom de *saonne* (1). La première mention que nous ayions de la Féauté remonte à 1274. Le duc Ferry III renonce à la contester au prévôt. Mais elle devait être bien antérieure. Le seul réglement que nous en possédions date de 1463 (2). Il nous est transmis par plusieurs copies postérieures. Il nous donne tous les détails sur la tenue de la féauté dans la ville de Saint-Dié.

Le lundi après Oculi, au matin, les curés, vicaires, chapelains et tous clercs, se réunissaient en la cour spirituelle du grand prévôt avant dîner : trois messes étaient dites à l'église Notre-Dame, puis les assistants se retiraient pour délibérer des affaires diverses qui pouvaient intéresser leurs églises ; après quoi ils allaient dîner ensemble, aux frais du dernier nommé dans l'année. Le dimanche de Lætare se tient la féauté (3). Les bourgeois se réunissent au son de cloche, en la cour spirituelle (4) ; le sénier préside la séance, assisté du notaire et des deux échevins. Puis tout le monde s'en va vers les portes de la ville où les échevins proclament que quiconque aura « *affaire de la faultey, qu'il suive et que on luy fera une bonne et brefve justice* ». Si quelqu'un se présente, il prend la tête du cortège et le conduit vers le lieu en litige ; il expose sa plainte, l'échevin recueille l'avis des bourgeois, le sénier rend d'après eux son ordonnance immédiatement exécutoire dans la semaine qui suit. Le

---

1. Statuts des curés dc Val, Arch. des Vosges, G 437.
2. Arch. des Vosges, G 837 (cahier de parchemini) ; Bibl. Nat., nouv. acq. fr., 1425, f° 46 r°.
3. Statuts des curés du Val, Arch. des Vosges, G 437.
4. Gravier (*op. cit.*, p. 145-147) émet des hypothèses un peu fantaisistes sur l'origine de la féauté, qu'il fait remonter aux Romains. Il affirme d'autre part qu'elle se tenait dans le préau du cloître et que la chaire extérieure qu'on y voit servait de tribune au senier. Idée acceptable si la preuve pouvait en être faite.

samedi suivant les échevins viennent juger des réparations faites. Si les empiètements ou usurpations n'ont pas été supprimées, le délinquant est condamné à l'amende. Ce même jour du *saonne* les échevins peuvent procéder à de nouveaux bornages s'ils en sont requis par quelqu'un, et ils touchent pour cet office un setier de vin. Quiconque désire l'ouverture d'un nouveau chemin peut l'obtenir à cette occasion. Puis au retour de cette promenade judiciaire on procède en la cour à l'élection de deux nouveaux échevins : l'un pour le ban du duc, l'autre pour celui du chapitre. Ils doivent servir la messe du curé de Saint-Dié, les dimanches et fêtes ; recevoir les offrandes et oblations faites les jours solennels aux reliques de saint Dié ; surveiller l'observation des commandements de l'église en dénonçant les délinquants à la cour prévôtale. Ils suivent les processions et veillent au bon ordre. Pour tous ces offices ils reçoivent diverses redevances en nature, tant du chapitre que des bourgeois (1).

Le dimanche de la Passion, la féauté et le saonne sont célébrés en la paroisse de Saint-Martin, et celui de Quasimodo on tient le second saonne où les curés doivent payer les droits d'autels et les *benedicti* (2).

Les mêmes cérémonies se renouvellent à Provenchères, Colroy, Lusse, Wisembach. La Croix-aux-Mines, Laveline, Bertrimoutier, Entre-deux-Eaux, Mandray, Fraize, Clefcy, Saulcy, Sainte-Marguerite, Remomeix et Taintrux, depuis le jeudi après les Cendres jusqu'au dimanche d'Oculi (3).

Dans le cours de l'année, les habitants peuvent faire juger toutes contestations, de bornage ou autres, à la

---

1. Féauté. Arch. des Vosges, G 837.
2. Statuts des curés du Val, Arch. des Vosges, G 437.
3. Id., Ibid.

justice du grand prévôt, mais tous les cas intéressant le
tréfonds, toutes les affaires de crime, sang, meurtre ou
larcin, doivent aller à la justice dont dépendent directement les intéressés (1).

·Enfin le grand: prévôt exerce un contrôle sur les poids
et mesures en usage, vulgairement dénommés « *marc. et
estallon* »¡ et chacun doit porter la marque prévôtale (2).

3° *Les dignitaires et les officiers*

1° *Le doyen.* — C'est le véritable chef du chapitre ; il le
préside après l'avoir convoqué et dirige ses délibérations.
Mais il ne peut rien faire ni décider sans lui, tandis que
le chapitre, au contraire, peut régler en son absence toutes
ses affaires. En principe le doyen est astreint à une conti-
nuelle résidence. En réalité, les textes nous le montrent
souvent absent, surtout aux XIV° et XV° siècles. Il est le
gardien de la discipline et doit comme tel donner le bon
exemple. Il doit être d'une culture supérieure, tant pour
les études sacrées que pour les connaissances profanes. Il
chante la grand'messe aux jours de fêtes èt remplace dans
ce rôle le prévôt, s'il est absent, à l'occasion des fêtes solennelles (3).

2° *Le chantre.* — Il vient après le doyen : c'est le chef
du chœur ; il a sous ses ordres un sous-chantre qui,
règle le détail des cérémonies et des chants ; il choisit
les vicaires (4). En l'absence du doyen, il prend la direc-

---

1. Soit la Pierre Hardie, soit la juridiction du plaid banal,
avec appel à la Pierre Hardie.
2. *Statuta...,* f° 12 r°.
3. 4. *Statuta,* f° 14 v°.

ticn du chapitre. Nous le voyons dans ce rôle, en 1283, demander à l'évêque de Toul de consacrer des autels (1).

3° *L'écolâtre.* — Ce personnage ne semble pas avoir joué un bien grand rôle dans l'organisation du chapitre : on rencontre souvent mention de ce dignitaire, mais jamais son rôle n'est défini. Il devait sans doute avoir la surveillance des écoles que le chapitre entretenait. En 1319, nous voyons le clerc Jean d'Amance, recteur des écoles de Saint-Dié, chargé d'une mission à Rome (2). Le seul autre renseignement que nous ayons sur les écoles nous vient du testament du curé de Corcieux, Laurent Pillard, ex-chanoine (3) ; il lègue un blanc à tous les clercs de l'école, qui diront les sept psaumes ; les petits qui ne les sauront diront *Pater noster* et *Ave Maria* et auront chacun deux deniers. Il y avait donc deux sections d'élèves, mais nous ignorons tout des programmes et du lieu même où se trouvait l'école. Gravier a dit quelque part qu'elle était établie dans une chambre voûtée de la tour de Notre-Dame. Aucun texte ne nous permet d'accepter cette affirmation.

Nous remarquons que ces deux derniers dignitaires, chantre et écolâtre, occupent quelquefois la place des officiers ; nous voyons l'écolâtre rendre les comptes de la sonrerie de la ville en 1420 et 1422 ; le chantre remplit le même office en 1452 (4).

4° *Les officiers.* — A la tête des diverses parties de son

------

1. 1283. Demande adressée dans ce sens à Conrad, évêque de Toul, par le chantre *vices agente praepositi*, Arch. des Vosges, G 246.

2. Vop. ci-dessus, p. 94.

3. 1513. 1er septembre, Arch. des Vosges, G 837 ; Pflster, *Les testaments des deux Laurent Pillard*, dans *Bull. de la Soc. Philomatique vosgienne*, t. XXXVI, 1910-11, p. 5-57.

4. Comptes de la sonrerie de la Ville, Arch. des Vosges, G 361.

temporel, le chapitre a un officier qui en surveille l'administration. Nous ne pouvons dire l'époque où apparaissent les offices. Au XII⁰ siècle on trouve seulement mention de cellerier et de gardes des greniers (*orrearius*) (1). Les possessions du chapitre furent par la suite divisées en quatre sections : Ville, Val, Chaumontois et Allemagne. Les deux premières avaient à la tête un *sonrier*. Le Chaumontois qui comprenait toutes les possessions hors du Val, mais à l'ouest des Vosges, était administré par un prévôt, le plus souvent chanoine de l'église, les biens d'Alsace par le Maître d'Allemagne. Ces officiers, en tant qu'administrateurs, devaient des comptes annuels au chapitre général de mai (2). Ils avaient de plus la juridiction temporelle, civile et criminelle dans leur circonscription : ils tenaient les plaids banaux (3).

A Saint-Dié, ce plaid se tenait à la Pierre-Hardie (4), non loin des églises et de la maison du grand prévôt. L'accusé était amené devant le sonrier de la ville, assisté de bourgeois de Saint-Dié ; le ou les accusateurs se présentaient, sinon on remettait l'affaire à quinzaine ; si l'accusation ne se trouvait pas soutenue pour la deuxième fois, on remettait encore et ce n'est qu'après ces trois remises que l'accusé était remis en liberté (5).

---

1. 1188, juin. Accord entre le chapitre et le prévôt Mathieu, Arch. des Vosges, G 269 (2).

2. *Statuta.*

3. 1493. Différend entre le chapitre et les habitants de Coincourt, Arch. des Vosges, G 501.

4. 1497, 29 avril. Jugement rendu « *au lieu de la Pierre Hardye ou lon a accoustumé tenir les plaiz de la mairie du dict Sainct Diey* ». L'accusé avait été « *journyei par trois mardys ainsi qu'il est accoustumé faire* », puis jugé « *par bouche d'eschevin.* » Voir G 797.

5. 14..., 13 juin. Autre jugement rendu après trois remises, Arch. des Vosges, G 749,

Dans le Val et le Chaumontois, le sonrier du Val et le prévôt du Chaumontois tenaient les plaids banaux, assistés des maires et doyens des villages. Nous verrons plus loin que ces plaids avaient d'autres attributions que celle de la justice temporelle.

Lorsqu'intervenait une sentence de mort, l'exécution en était confiée au prévôt ducal, auquel on délivrait l'accusé tout nu (1).

Les conflits de juridiction ne pouvaient manquer de se produire, les bans du chapitre et du duc étant contigus, mais les chanoines ne laissaient pas entamer leurs droits. Nous en trouvons en 1321 un exemple très frappant : le prévôt du duc, Gérardin, avait pris et fait mettre à mort deux lépreux enfermés dans la maison du chapitre, sise à La Chenal. Le chapitre excommunia le prévôt et ses complices. Ceux-ci durent, pour obtenir leur pardon, livrer aux chanoines deux mannequins remplis de paille ayant l'apparence des deux lépreux. Cette restitution solennelle avait son importance, car en même temps que les simulacres l'officier du duc rendait aussi les biens des condamnés (2).

En dehors de ces quatre officiers, sonrier de la ville, sonrier du Val, prévôt du Chaumontois et maître d'Allemagne, il faut mentionner le maître de l'œuvre, chanoine chargé de l'entretien des bâtiments, des cloches,

---

1. Coutume de Moriviller, Arch. de Meurthe-et-Moselle, B 902 ; Droit du chapitre à Bult, Destord, etc..., Livre rouge, fol. 221 v°-223 r°.

2. 1321, 14 juillet. Débat entre le prévôt du duc et le chapitre ; 1321, 21 octobre. Gérardin, prévôt du duc, sur la réclamation du chapitre, remet à celui-ci *duas camisias feno seu stramine impletas habentes in se quasi capita et brachia personarum*, qu'il tenait dans ses mains, Arch. des Vosges, G addition (non inventorié).

meubles et ornements des églises (1) ; le garde du trésor (2) et le clerc de la distribution : ce dernier s'occupe de la répartition des rations quotidiennes et du réglement des anniversaires (3).

Nous n'avons voulu donner ici qu'un aperçu général de l'organisation des offices ; nous verrons dans la deuxième partie de ce travail le rôle important que tous ces officiers jouent dans l'administration du temporel et la répartition des ressources entre les différents organismes du chapitre.

4° *Les Chanoines*

Ils étaient au nombre de trente, si l'on y comprend les doyen, chantre et écolâtre. Ce nombre nous est donné par le texte du réglement de 1253 (4). Il atteignait encore ce chiffre en 1466 (5). Mais, en 1487, deux prébendes furent affectées à l'entretien de quatre enfants de chœur, et en 1498 une autre, aux gages d'un organiste (6) ; le pape avait autorisé ces suppressions, le chapitre se trouvait

---

1. 2. 3. *Statuta*, f⁰ˢ 17 r° et 18 r°.

4. 1253, 17 août. Règlement promulgué par Hugues, cardinal légat, Arch. des Vosges, G 335 (1).

5. *Nomina canonicorum prebendatorum ecclesie sancti Deodati mense maio anni millesimi quadringentesimi sexagesimi sexti.* Arch. des Vosges, G 377 (4).

6. 1487, 14 avril, Acte capitulaire de la séance où furent lues deux bulles d'Innocent VIII (1487, mai et octobre) autorisant à annexer à la mense capitulaire deux prébendes supprimées par extinction pour l'entretien de deux enfants de chœur (pueri chorales), Arch. des Vosges G 422.

1498, août. Mandement d'Alexandre VI à l'abbé de Senones, pour permettre l'affectation d'une prébende aux gages de l'organiste. Arch. des Vosges, G 422.

dcnc, à la fin du XVe siècle, réduit à vingt-sept chanoines ou dignitaires. En réalité le nombre des présents était bien inférieur, le plus souvent. Dès 1253 (1) le légat se plaignait que les absences fussent trop nombreuses et voulait les limiter à la moitié de l'année pour les chanoines éloignés pour cause d'études. Il déplorait en même temps le relâchement de la discipline : le doyen n'avait que six ou sept confrères pour l'assister à matines, quand il n'était pas seul à les chanter. Aussi arrêtait-il qu'à l'avenir il faudrait une résidence de cinq mois par an pour participer aux gros fruits, à moins d'excuse valable, comme saignée, ou maladie. Au XIVe siècle, en 1354, nous relevons la présence à un chapitre de vingt-huit assistants, mais au XVe, pour lequel nous avons conservé plusieurs listes, la moyenne n'est guère que de seize et le nombre oscille entre vingt et un et douze (2).

Pour être élu chanoine, il fallait être de famille non servile, et de naissance légitime (3). La première condition ne souffrait pas d'exception, à notre connaissance ; il n'en fut pas de même de la seconde. En 1345, le duc Raoul obtenait une dispense « *super defectu natalium* » pour son fils naturel Aubert (4). Cet exemple ne devait pas être isolé, puisque le pape Martin V, à la demande du chapitre, décréta en 1426 que l'on ne pourrait admettre aux prébendes et canonicats que des candidats d' naissance légitime. On ferait seulement exception pour

---

1. 1253, 17 août. Règlement promulgué par Hugues, cardinal-légat, Arch. des Vosges, G 335 (1)

2. 1354, 8 mai. Liste des chanoines ayant assisté à l'élaboration du statut des maisons, Arch. des Vosges, G 384 (1) ; 1456, *circa*. Listes pour la distribution, Id., G 378 (1) ; 1471. Célébration de messes, Id., G 414 (4).

3. *Statuta*, f° 4 v°.

4. Sauerland, *op. cit.*, n° 957.

les maîtres en théologie et les licenciés en l'un et l'autre droit (1). Le doyen Jean Monget, mort en 1472, se trouvait dans ce dernier cas (2). Il faut citer, par contre, les nombreux membres du chapitre que la noble famille de Parroy donna à l'église de Saint-Dié. Dès 1209 nous trouvons Simon, chantre, et Aubert, chanoine ; Ancelin, en 1276 ; Simon II, chantre en 1291 ; Burnequin I⁷, chantre et sonrier du Val, mort en 1369 ; Jean I⁷ et Jean II, l'un sonrier (1364), l'autre écolâtre (1357) ; Vautrin (1368) ; Aubert, prévôt du Chaumontois (1379) ; René (1489) (3).

Une fois élu par le chapitre, tout chanoine se présente devant lui, et le doyen lui fait subir un examen de chant et de lecture. Puis le nouvel élu prête serment sur les évangiles d'observer les statuts, constitutions, libertés et franchises de l'église ; de garder les secrets du chapitre, de ne rien aliéner des biens des chanoines et de veiller à la célébration quotidienne de la messe de prime. Puis l'installation a lieu, dans le chœur et au chapitre. Comme don de bienvenue, le nouveau chanoine devait trente livres et trente autres pour sa réception (4).

Le chanoine doit ensuite acheter sa maison. A la mort de chacun, celle-ci est mise en adjudication, avec l'assentiment des exécuteurs s'ils sont de l'église ; s'ils sont étrangers, la vente est faite sans leur intervention : l'ar-

---

1. Voy. ci-dessus, p. 75.

2. 1471, 4 septembre. Dispense accordée par le duc Nicolas ; 1474, 11 août. Yolande d'Anjou, régente, renonce à la succession de Jean Monget, sous certaines conditions. Arch. des Vosges, G 251 (9-15).

3. H. Bardy, *Les sires de Parroy au chapitre de Saint-Dié*, dans *Bull. de la Soc. Philom. vosgienne*, t. XXVIII, 1902-1903. Burnequin, mort en 1369, fut inhumé dans le transept nord de l'église Sainte-Croix. Sa tombe existe encore sous un enfeu orné d'une arcade fleuronnée.

4. *Statuta*, f⁰ˢ 3 r°-4 r°.

gent est déposé dans un coffre dont une clef va au chapitre et une autre aux exécuteurs. La somme y demeurera jusqu'à parfaite exécution de l'anniversaire du mort pour lequel on acquiert des cens (1).

Tout chanoine doit pourvoir au bon entretien et réparation de sa maison. Au besoin le chapitre y contraignait ceux qui négligeaient ce soin et appliquait' leurs revenus à cet usage (2).

Les maisons canoniales se trouvaient groupées aux environs des églises. Ce qu'il en demeure aujourd'hui n'est pas antérieur au XVᵉ siècle, mais d'après les testaments et le.' inventaires après décès du XVᵉ siècle, nous pouvons ncus faire une idée de leur disposition en même temps que des objets qui les garnissaient (3). Elles n'avaient qu'un seul étage. Au rez-de-chaussée se trouvaient la cuisine, le poêle, la chambre de la servante, l'office ; au premier étage, une salle et trois chambres à coucher. Les gros meubles consistaient en lits grands et petits, en coffres, tables, bancs et escabeaux. Le cuivre était représenté par des pots, chaudières et chaudrons ; l'étain par des plats, des écuelles, des pots à anses, des aiguières ; le linge n'était pas très abondant, et parmi la lingerie figuraient *des robes fourrées, un chaperon et une aumusse.* Nous ne possédons qu'un seul inventaire énumérant les livres d'un chanoine, Gérard Juif, mort en 1491 (4) : il possédait vingt-

---

1. 1354, 8 mai. Règlement fait au chapitre général. Livre rouge, f° 3 v° ; copie, Arch. des Vosges, G 384 (1).

2. Arch. des Vosges G 384 (1).

3. Testaments, Id., G 403-410.

4. « *S'ensuit l'inventaire des biens meubles de feu sire G. Judei... l'an mil IIIIᶜ IIIIˣˣ et XI, le XIᵉ jour d'avril* », Arch. des Vosges, G 382 (2). Cf. de Chanteau, *Notes pour servir à l'histoire du chapitre de Saint-Dié aux XVᵉ et XVIᵉ siècles ; la vie privée des chanoines,* Nancy, 1878.

six volumes, la plupart intéressant le droit ou la théologie; remarquons le *Rationale divinorum officiorum* de *Guillaume Durant* ; une Somme des décrétales, *l'Ordo Judiciarius*, de Tancrède ; les *Institutes en françoy* ; des *Rubrice utriusque juris*, etc. ; mais à côté nous trouvons les *Métamorphoses d'Ovide* et l'*Art d'aimer* ; un *texte de logicques*, une *légende de plusieurs saints* (peut-être la *Légende Dorée* de Jacques de Voragine). Chez le même Juif est mentionnée une coulevrine de cuivre, mais aucune pièce d'argenterie. Un testament un peu postérieur, celui de Laurent Pillard, relate le legs de six tasses et une aiguière d'argent (1).

---

1. Arch. des Vosges, G 837. Cf. Pfister, *Les testaments des deux Laurent Pillard et de Jean Basin de Sandaucourt*, déjà cité, p. 5-66.